Técnicas de poda. AGAU016PO

Pablo Catrofes Martínez

Salvador Guerrero Romero

ic editorial

Técnicas de poda. AGAU016PO
© Pablo Catrofes Martínez
© Salvador Guerrero Romero

1ª Edición

© IC Editorial, 2025

Editado por: IC Editorial
c/ Cueva de Viera, 2, Local 3
Centro Negocios CADI
29200 Antequera (Málaga)
Teléfono: 952 70 60 04
Fax: 952 84 55 03
Correo electrónico: iceditorial@iceditorial.com
Internet: www.iceditorial.com

ISBN: 978-84-1184-969-2
Depósito Legal: MA 1152-2025

Impresión: PODiPrint
Impreso en Andalucía – España

Nota de la editorial: IC Editorial pertenece a Innovación y Cualificación S. L.

Especialidad formativa

Se entiende por especialidad formativa la agrupación de contenidos, competencias profesionales y especificaciones técnicas que responde a un conjunto de actividades de trabajo enmarcadas en una fase del proceso de producción y con funciones afines.

Las especialidades formativas de Uso General, Formación Complementaria, Formación Modular y las especialidades formativas dirigidas a la obtención de certificados de profesionalidad se incluyen en el Fichero de Especialidades del Servicio Público de Empleo Estatal para su gestión en todo el territorio nacional por cualquier Administración competente.

Las especialidades complementarias, pertenecen todas a la Familia profesional de Formación Complementaria (FCO) y tienen la consideración de formación transversal en áreas que se consideran prioritarias tanto en el marco de la Estrategia Europea para el Empleo y del Sistema Nacional de Empleo como en las directrices establecidas por la Unión Europea. Se consideran áreas prioritarias las relativas a tecnologías de la información y la comunicación, la prevención de riesgos laborales, la sensibilización en medio ambiente, la promoción de la igualdad, la orientación profesional y aquellas otras que se establezcan por la Administración competente.

Las especialidades de Certificado de profesionalidad tienen una duración especificada en su normativa reguladora.

En el resultado de la búsqueda, se muestran las unidades de competencia, todos los módulos formativos con su duración y las unidades formativas del certificado correspondiente, con su duración. Las horas del certificado, exclusivo de las especialidades de certificado de profesionalidad, con alta igual o superior a 2008, son las horas totales más las horas del módulo de Prácticas Profesionales no Laborales.

⮞ **Si la especialidad tiene unidades formativas,** las horas totales, presencial, distancia, teleformación serán igual a la suma de esas horas de las unidades formativas de los distintos módulos, sin que se repita ninguna Unidad formativa.

⊃ **Si la especialidad no tiene unidades formativas,** las horas totales, presencial, distancia, teleformación serán igual a las sumas de esas horas de los módulos formativos, eliminando las horas de los módulos repetidos.

https://sede.sepe.gob.es/especialidadesformativas/RXBuscadorEFRED/BusquedaEspecialidades.do

(Fuente: Servicio Público de Empleo Estatal)

Índice

OBJETIVOS GENERALES

Los objetivos generales del **AGAU016PO. Técnicas de poda,** son los siguientes:

- ⮫ Adquirir los fundamentos básicos de las técnicas de poda, según la tipología de la planta a podar y el tipo de suelo, teniendo en cuenta la prevención de riesgos laborales.
- ⮫ Conocer las características principales de los vegetales que pueden ser objeto de tratamientos de poda, fundamentalmente aquellos de tallo leñoso como son árboles y arbustos.
- ⮫ Identificar las características principales de los sistemas de poda en árboles frutales.
- ⮫ Distinguir los principales riesgos laborales de las actividades relacionadas con la técnica de poda, así como su prevención.

Morfología y fisiología vegetal

Contenido

Objetivos

El objetivo general de esta Unidad de Aprendizaje es:

→ Conocer las características principales de los vegetales que pueden ser objeto de tratamientos de poda, fundamentalmente aquellos de tallo leñoso como son árboles y arbustos.

Los objetivos específicos de esta Unidad de Aprendizaje son:

→ Diferenciar los vegetales herbáceos y leñosos.

→ Interpretar las tipologías de crecimiento de los vegetales.

→ Identificar la morfología de crecimiento de copas.

→ Conocer las adaptaciones de los vegetales que condicionan su morfología, requerimientos y crecimiento.

→ Diferenciar las plantas herbáceas leñosas en función de sus atributos.

1. Introducción

Los vegetales leñosos, como los árboles y los arbustos, son fundamentales para mantener la salud de los ecosistemas terrestres, además de proporcionar muchos recursos que las personas utilizamos a diario.

Abarcan una amplia gama de especies, desde pequeños arbustos hasta árboles gigantes. Como ocurre con todos los seres vivos del planeta, cada especie tiene características únicas que contribuyen a la diversidad biológica de un área.

En la naturaleza, desde bosques densos hasta matorrales abiertos, ambos extendidos en territorios de nuestro país, cada uno tiene su propia comunidad de especies.

En la actualidad, uno de los aportes más interesantes es la capacidad que tienen para almacenar carbono.

Su uso con fines ornamentales, silvícolas, como la producción de alimentos (frutales), implica una serie de cuidados para maximizar su potencial y mantener una necesaria sostenibilidad en su tratamiento.

A lo largo de esta unidad se darán a conocer las diferentes características de los vegetales que requieren de nuestros cuidados y su fisiología, para así conseguir que este recurso sea permanente y más aprovechable durante más tiempo. Para ello nos basaremos en el caso de Víctor, que es propietario de una finca de aproximadamente dos hectáreas en una zona cercana a Sevilla en la que tiene una plantación agrícola. Quiere aprovechar el potencial de las plantas y aprender técnicas de cuidado y mantenimiento de sus cultivos.

2. Morfología de los árboles y los arbustos

 HILO CONDUCTOR

En la finca, Víctor está preocupado por el espacio del que dispone, pretende maximizar el uso de la mejor manera posible. Para ello, va a estudiar las formas en las que se desarrollan árboles y arbustos y poder elegir las mejores opciones.

El ser humano utiliza los árboles y los arbustos de varias formas. Su aprovechamiento pasa desde su cultivo para producción de madera o de fuente de alimentación hasta el que tiene fines ornamentales y paisajísticos.

En este sentido, las diferentes formas, colores y propiedades de los vegetales permiten crear lugares que mejoran la estética y disminuyen elementos contaminantes dentro de las ciudades, como la contaminación atmosférica o el ruido.

Parque con varias especies arbustivas y arbóreas

2.1. Plantas herbáceas y plantas leñosas

Dentro de este extenso mundo, podemos encontrar una gran diferencia que divide a los herbáceos de los leñosos, es decir, aquellos que tienen tallo y ramas recubiertas de una sustancia dura, resistente y flexible como es la madera de los que no.

Podemos encontrar una serie de diferencias principales entre las plantas herbáceas y las leñosas, que fundamentalmente se refieren a sus ciclos de vida y a su tamaño:

⮞ **Estructura y textura:** las plantas herbáceas tienen tallos suaves y flexibles, que generalmente no contienen madera. Adquieren diferentes formas: rectas, ramificadas, reptantes o trepadoras. Las plantas leñosas, en cambio, tienen los tallos con madera, lo que les permite crecer más gruesos y fuertes con el tiempo. Por ello, también siguen creciendo en diferentes estadios en grosor y altura.

- **Ciclo de vida:** las plantas herbáceas tienen ciclos de vida anual, bienal o perenne, según completen sus ciclos vitales anualmente, cada dos años o sean permanentes, si bien las perennes suelen perder su parte vegetativa externa y quedarse con la interna (raíces), y rebrotan en la siguiente sesión, que suele ser en primavera o cuando las condiciones ambientales sean favorables. Las leñosas, en cambio, son predominantemente perennes, lo que significa que pueden vivir durante muchos años, aunque en función del clima (estaciones) pueden perder gran parte de sus estructuras (hojas), que vuelven a salir en la siguiente sesión.
- **Tamaño:** las herbáceas suelen ser más pequeñas en comparación con las leñosas y rara vez alcanzan alturas importantes, aunque hay excepciones. Las leñosas, en cambio, con el potencial de poder crecer unas capas celulares sobre otras, alcanzan dimensiones muy importantes, como los árboles de selvas tropicales o las coníferas gigantescas.
- **Función ecológica y uso humano:** mientras que las leñosas, sobre todo los árboles, tienen como función principal terminar formando masas boscosas de diferentes especies con unas asociaciones de plantas herbáceas y arbustivas características, las herbáceas forman etapas de sucesión previas a la formación de los bosques o creciendo en zonas donde los árboles no encuentran condiciones adecuadas para desarrollarse, como ocurre en las áreas montañosas, por ejemplo.

En cuanto al uso que les da el ser humano, las herbáceas a menudo se cultivan por sus partes comestibles, bien sean hojas, tallos, raíces, tubérculos o frutos. También son usadas con fines ornamentales o de recreo (jardines, campos de fútbol). Las leñosas son más utilizadas como árboles de sombra, para fines ornamentales, para la producción de madera, frutas, nueces, resinas, etc.

 TAREA 1

En la finca, Víctor quiere comenzar con cultivos que sean beneficiosos para el terreno. Cree que quizá pueda con diferentes especies de arbusto, aunque duda si será mejor comenzar con herbáceas para empezar a producir lo antes posible. Ayuda a Víctor a elegir la opción más adecuada.

Las plantas leñosas

La principal diferencia, como todos podemos observar, entre unos tipos de vegetales y otros es la presencia de **madera** en el tallo de las plantas leñosas.

Este elemento, que constituye la parte dura y fibrosa de los tallos leñosos, es, sin duda, la principal característica de estos vegetales.

Se compone principalmente de un material llamado **lignina** y de las fibras de celulosa entrelazadas, formando un material que es firme, elástico y muy resistente.

Cuando atravesamos un tallo leñoso, el tronco de un árbol, de fuera adentro pueden observarse diferentes **capas:**

- ⮞ **Corteza:** es la capa exterior del tallo, la que protege al árbol de los daños mecánicos, patógenos y deshidratación.
- ⮞ **Floema:** es el tejido vascular que transporta los nutrientes, como los azúcares producidos por la fotosíntesis, desde las hojas hasta otras partes del árbol, como las raíces y los brotes en crecimiento.
- ⮞ **Cámbium:** es una capa delgada de tejido meristemático, es decir, el responsable del crecimiento de la planta, entre el floema y la capa interna del tallo, llamada xilema. El cámbium es el responsable del crecimiento en grosor del tallo, de producir nuevas células de floema hacia afuera y nuevas células de xilema hacia adentro.
- ⮞ **Xilema:** es el tejido vascular que transporta el agua y los nutrientes desde las raíces hasta las hojas y otras partes del árbol. También proporciona soporte estructural al tallo.
- ⮞ **Médula:** es el tejido central del tallo, que en muchas ocasiones es esponjoso y menos activo en términos de transporte de nutrientes en comparación con el floema y el xilema.
- ⮞ **Anillos de crecimiento:** capas concéntricas que se van formando en el tronco a medida que crece. Cada anillo representa 1 año de vida y, en él, se reflejan condiciones ambientales que proporcionaron un mejor crecimiento (anillos más anchos) o peor (anillos más estrechos).

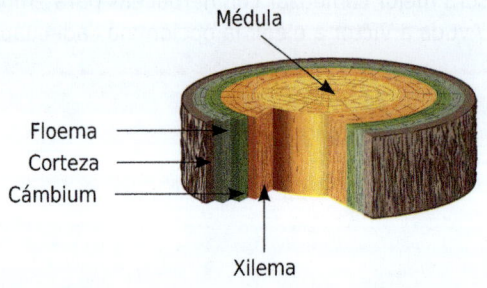

Médula

Floema

Corteza

Cámbium

Xilema

NOTA

En los árboles que experimentan estaciones, como los de climas templados, se pueden observar los anillos de crecimiento concéntricos en el xilema. Cada anillo representa un año de crecimiento y su grosor varía dependiendo de las condiciones ambientales. Los anillos nos informan de los cambios o las alteraciones climáticas que haya habido en la zona, épocas de mayor sequía, incendios forestales a los que ha sobrevivido, etc.

Estos elementos forman y trabajan a la vez en el desarrollo de las plantas leñosas (árboles y arbustos) para proporcionar soporte estructural, transporte de nutrientes y crecimiento al tallo.

Para nosotros, sea un lapicero, una puerta o una viga estructural de una vivienda, la madera ha supuesto siempre un elemento muy útil; de hecho, casi no podríamos entender el desarrollo humano sin la utilización de este material.

Lógicamente, esta estructura básica varía en función del tipo de vegetal, de la especie a que nos refiramos y de las adaptaciones que esta tenga.

EJEMPLO

Un caso especial es la suberina, tipo de corteza de especies como los alcornoques, que utilizamos y conocemos como corcho, y que el árbol desarrolla como protección o barrera ante condiciones ambientales como la escasez de agua.

2.2. Árboles y arbustos

Como hemos visto, la principal diferencia entre los árboles y los arbustos es que los tallos de los primeros son leñosos.

Otra cuestión importante es la de diferenciarlos **según su fisionomía.**

Cabe destacar que, con frecuencia, los árboles pasan etapas arbustivas en su crecimiento, si bien serán considerados como árboles para su uso. Las principales diferencias son las siguientes:

Tamaño y altura	- **Árboles.** Generalmente, los árboles son plantas más grandes y altas que los arbustos. Tienen un tronco principal o tallo dominante que se eleva significativamente por encima del suelo, con ramificaciones secundarias que forman una copa o dosel. Se tiende a considerar que debe alcanzar los 3 m para poder considerarse especie arbórea. - **Arbustos**. Los arbustos son plantas más pequeñas en comparación con los árboles. No tienen un tronco principal de manera clara definido y generalmente tienen múltiples tallos que emergen desde la base. Por lo general, son más bajos y tienen una estructura más densa. Las adaptaciones hacen que en ocasiones sean espinosos. Suelen utilizarse mucho en jardinería ornamental.
Estructura y ramificación	- **Árboles.** La ramificación de los árboles tiende a ser más espaciada, con ramas grandes que se extienden desde el tronco principal y forman una copa característica de cada especie o tipo de árbol (frondosas o coníferas). - **Arbustos.** Los arbustos suelen tener una ramificación más densa, con múltiples tallos que emergen desde la base y se ramifican más cerca del suelo. Esto les da una apariencia más tupida y compacta, es decir, no se diferencia el tronco del resto con frecuencia.
Longevidad	- **Árboles.** Los árboles tienden a ser vegetales que pueden vivir durante décadas o incluso siglos, dependiendo de la especie. - **Arbustos.** Aunque algunos arbustos pueden vivir muchos años, generalmente son especies que son más efímeras y pueden tener ciclos de vida más cortos.

Con estas estructuras va aparejado el uso posible de los seres humanos, así como su diferente función en los ecosistemas naturales.

En este sentido, y aunque no sea objeto de este material exponer fundamentos de ecología, sí cabe mencionar que, en el medio natural, en ocasiones, los arbustos corresponden a las llamadas **etapas sucesionales** de un lugar. Una determinada zona tiene una vegetación potencial en función de las condiciones ambientales existentes, bien sea herbácea, arbustiva o arbórea. La etapa final o clímax en latitudes templadas como las nuestras es un bosque generalmente de hoja caducifolia.

En función de estas condiciones ambientales (temperatura, humedad, viento, tipo de suelo, etc.), esta etapa clímax puede variar.

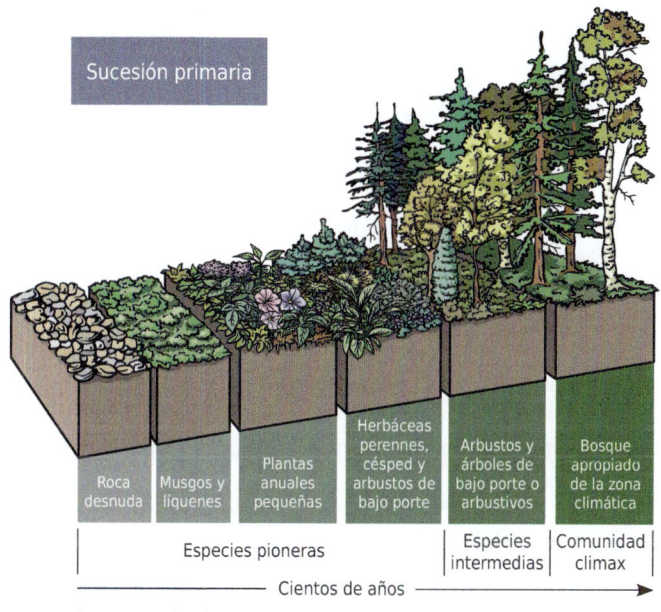

Sucesión primaria

| Roca desnuda | Musgos y líquenes | Plantas anuales pequeñas | Herbáceas perennes, césped y arbustos de bajo porte | Arbustos y árboles de bajo porte o arbustivos | Bosque apropiado de la zona climática |

Especies pioneras · Especies intermedias · Comunidad clímax

Cientos de años

Etapas sucesionales

2.3. Morfología de los arbustos

Los arbustos, al igual que otras plantas, tienen diferentes formas y estructuras, que tienen que ver con las distintas adaptaciones de las especies a las condiciones de su entorno. Esto es cuando se consideran especies silvestres.

Cuando las especies arbustivas son tratadas por el hombre, para diferentes fines, se aprovechan estas características en función del uso y su localización.

En latitudes templadas como la nuestra, se emplean en muchas ocasiones aquellas especies de hoja perenne que dan un mejor aspecto durante todo el año.

*Detalle de enebro rastrero en medio silvestre, planta utilizada en parques
y jardines habitualmente.*

Es conveniente y una aplicación cada vez más frecuente y necesaria, especialmente en el actual contexto climático, el aprovechamiento de los vegetales adaptados al ámbito climático correspondiente.

Podemos distinguir las siguientes morfologías (estructuras) arbustivas:

- **Vertical:** caracterizada por un crecimiento vertical y recto. Los arbustos
  con esta morfología tienen ramas que se levantan desde la base de la
  planta y crecen hacia arriba en un ángulo cercano a los 90° respecto al
  suelo. Por ejemplo, variedades de cipreses y abetos arbustivos que frecuentemente se utilizan con fines ornamentales y de cierres de fincas,
  jardines, etc.
- **Rastrera:** crecimiento horizontal o rastrero. Sus ramas se extienden a
  lo largo del suelo y en muchas ocasiones enraízan en los nudos donde
  tocan el suelo. Este tipo de morfología es común en plantas como los
  arándanos rastreros o los enebrales rastreros. La función fisiológica es
  protegerse del viento y el frío, ya que las variedades silvestres suelen crecer en zonas montañosas. También se utilizan con frecuencia en jardines
  y parques.
- **Ramificada:** los arbustos con esta morfología tienen ramas que se extienden en múltiples direcciones desde la base de la planta, creando
  una forma de arbusto con una ramificación densa. Así puede formar setos densos o bordes de jardín. Un ejemplo característico es el boj, también muy utilizado en cierres de jardines, de fincas, separaciones, etc.
- **Redondeada:** en esta morfología, el arbusto tiene una forma redondeada o globular, con ramas que crecen hacia afuera desde el centro
  de la planta en todas las direcciones. Suele ser una forma bastante compacta y simétrica. Ejemplos de arbustos con esta forma que podemos
  encontrar habitualmente son diversas variedades de rododendro.

- **Columna:** con un crecimiento vertical estrecho, con ramas que se mantienen cercanas al tronco principal. Usado también en jardines estrechos o en paisajes urbanos. Como ejemplos podemos tener las variedades de cipreses. Cabe destacar que pueden tener un crecimiento alto y dejar de considerarse arbustos.

Diferentes morfologías de arbustos

Morfología de los arbustos de producción

Hemos visto cómo pueden utilizarse las diferentes variedades arbustivas en función de su morfología, fundamentalmente para actividades de paisajismo y jardinería. Pero también tenemos variedades arbustivas de las cuales obtenemos una producción frutícola y que tienen estructuras diferentes, cosa que ha de ser tenida en cuenta en las labores de poda y cultivo para optimizar su producción.

Algunos ejemplos de variedades frutícolas en relación con su morfología son:

- **Rastrera: arándano rastrero:** los arándanos rastreros son arbustos de bajo crecimiento que se extienden horizontalmente sobre el suelo. Producen bayas pequeñas (arándanos).
- **Vertical: frambuesa:** las frambuesas son arbusto con tallos verticales y ramas laterales. Las ramas tienden a crecer hacia arriba y en ocasiones deben ser sostenidas o atadas para evitar que se doblen por el peso de las frutas.
- **Ramificada: zarzamora:** las zarzamoras son arbustos con ramas largas que se extienden en diferentes direcciones desde la base de la planta. Tienen una ramificación densa y producen frutas en ellas. Las espinas pueden dificultar la recolección.

⊃ **Redondeada: grosellero:** los groselleros tienen múltiples ramas, que crecen en todas las direcciones desde el centro de la planta. Los frutos se producen en racimos a lo largo de estas ramas.

⊃ **Vertical: manzano:** los manzanos son árboles, aunque en ocasiones hay variedades enanas o arbustivas con esta forma. Estos arbustos tienen un crecimiento vertical estrecho y compacto, lo que los hace ideales para espacios reducidos o para cultivo más casero, como por ejemplo en macetas.

Los arbustos frutales tienen sus propias ventajas y consideraciones de cultivo en función de esta morfología, por lo que influyen en el tipo de cultivo que se pueda realizar.

Cultivo de arándanos en filas donde se aprecia su morfología

 **APLICACIÓN PRÁCTICA**

Víctor ha pensado en la posibilidad de ocupar al menos una parte pequeña de la finca, para producción con algún tipo de variedad frutícola con el objeto de aprovechar mejor el espacio. ¿Cuál sería la mejor opción?

Solución

La mejor opción para aprovechar el espacio es optar por variedades que tengan un crecimiento vertical, ya que así podría aprovechar mejor el espacio. Por ejemplo, podría cultivar frambuesas.

3. Fisiología y crecimiento

👉 HILO CONDUCTOR

Víctor conoce un poco más acerca de los posibles cultivos, aunque siempre su interés ha sido mayor por los árboles frutales, dado que está en una zona en la que la producción de naranja es habitual. Quiere conocer mejor las características de estos árboles, en especial los frutales, para saber su viabilidad como cultivo.

La **fisiología vegetal** es una ciencia que estudia lo siguiente:

- **La fotosíntesis** o propiedad por la cual las plantas utilizan la energía luminosa del sol para incorporarla a sus procesos vitales.
- **La respiración y el transporte,** es decir, el uso de los gases (CO_2 y O_2) y el transporte de sales y agua desde las raíces.
- **La reproducción, el crecimiento y el desarrollo,** desde los métodos de polinización al crecimiento de grandes árboles, partiendo de pequeñas semillas.
- **Las adaptaciones al medio ambiente,** sobre todo a los factores ambientales como la luz, la temperatura, el agua y los nutrientes.

Uno de los aspectos más importantes que tratamos en este apartado es el del crecimiento de los árboles. En las tareas de conservación de las especies arbóreas y en la poda de estas, conocer los tipos de crecimiento es necesario, ya que nos da la información sobre cómo y en qué momento es más conveniente realizarla.

La fisiología, por tanto, y sus características en cuanto a las adaptaciones, crecimiento y desarrollo, van a establecer las metodologías de poda y mantenimiento de las especies arbóreas y sus posibles aplicaciones en beneficio de la salud, el crecimiento y la producción de los árboles.

3.1. Crecimiento y fisiología de los árboles

Al igual que el resto de las plantas y los vegetales, y como acabamos de ver con los arbustos, los árboles tienen diferentes morfologías y tipos de crecimiento en función de sus adaptaciones al medio. Las especies silvestres, dependiendo de dónde vivan, presentan una serie de características de desarrollo y diseminación.

Tal es así que, en sus etapas ecológicas adecuadas y finales (clímax), van a ocupar enormes extensiones de terreno en las que hay un tipo de árbol o familia dominante, desde los grandes bosques de coníferas de climas más fríos (aunque existen tipos de pinos adaptados a regiones más secas) a las selvas tropicales o los baobabs de las sabanas africanas.

En las latitudes templadas en las que nos encontramos, en concreto en la península ibérica, hay una familia que domina, aunque con variaciones y diferentes especies. Es la familia de las **fagáceas,** dentro de la cual se encuentran los diferentes tipos de robles, encinas y hayas que ocupan la mayor parte del territorio.

Algunas de las principales formaciones boscosas en función del clima son:

- **Bosque templado caducifolio:** es el tipo de bosque que se encuentra en áreas de climas templados y estaciones marcadas (primavera, verano, otoño e invierno). La diversidad de especies arbóreas suelen incluir robles, hayas, arces y nogales, es decir, árboles de hoja caducifolia que las pierden en el otoño y permanecen desnudos durante el invierno, hasta la primavera. Como ejemplos tenemos los bosques de robles y hayas en Europa, que son los más abundantes en la parte norte de la península ibérica. Se diferencian de distintas especies de roble en función de los requerimientos de agua y de la insolación, el tipo de suelo y a partir de cierta altitud dominados por hayedos.
- **Taiga:** bosques de regiones subárticas y frías, caracterizadas por inviernos largos y fríos y veranos cortos y frescos. Los árboles predominantes en este caso son coníferas resistentes al frío, como el abeto, el pino y el abedul. Las hojas son aciculares y perennes en este caso. La taiga siberiana o los bosques de coníferas de Norteamérica son los ejemplos más típicos.
- **Bosque tropical:** bosque o selva tropical de las regiones ecuatoriales con temperaturas cálidas durante todo el año y mucha precipitación. Aquí no hay un tipo de especie o familia de árboles dominante, ya que son muy diversos en especies vegetales y animales. Los árboles suelen ser también de hoja perenne, aunque de gran tamaño y de gran altura. Los ejemplos son las selvas tropicales de la Amazonia.
- **Bosque mediterráneo:** realmente es un tipo de bosque con escasez de árboles. Se encuentran en regiones de clima mediterráneo, con veranos muy cálidos y secos. Los árboles y los arbustos suelen ser resistentes a la sequía y a menudo tienen hojas pequeñas y duras para conservar el agua. En la península ibérica, además de matorral con algunas especies de pino, es donde podemos encontrar los encinares y los quejigares.
- **Bosque de coníferas de alta montaña:** son los que se encuentran en áreas de montaña, con inviernos fríos y nevados y veranos frescos. Son de coníferas adaptadas al clima alpino, como el pino albar y el abeto.

Como ejemplo, los que se encuentran en zonas montañosas de los Alpes o los Pirineos.

NOTA

El bosque mediterráneo puede tener situaciones de matorral como etapa clímax si las condiciones del suelo son demasiado pobres y/o las condiciones climáticas resultan muy extremas.

Cada tipo de bosque tiene unas características propias, que conllevan unas asociaciones vegetales de arbustos y herbáceas adaptadas a la región en la que se desarrollan.

Los seres humanos hemos utilizado los bosques desde siempre, principalmente para la obtención de madera.

La tala de bosques maduros para la obtención de madera sin dar tiempo a que se regenere de forma natural y/o plantando nuevas especies, en muchos casos inapropiadas a las condiciones del suelo y del clima, pero de crecimiento más rápido para explotación silvícola y maderera, termina causando problemas más importantes y alterando desde los ecosistemas del lugar a los regímenes hídricos y al clima local.

Estos árboles tienen unas características de crecimiento diferentes. Al igual que ocurre con los matorrales, podemos clasificarlos así:

Crecimiento erguido
Con crecimiento vertical y recto, con ramas que se elevan hacia arriba desde el tronco principal. Son ejemplos típicos las coníferas, como los abetos o los pinos.

Crecimiento extendido
Tienen ramas que se extienden horizontalmente desde el tronco principal, creando una copa amplia y extendida. Son los correspondientes a las frondosas de bosques caducifolios, como los robles o las hayas.

Continúa en página siguiente >>

<< Viene de página anterior

Crecimiento columnar
También llamados de crecimiento vertical. Es estrecho, similar a los de crecimiento erguido, pero de forma más compacta y ramas, que se mantienen cerca del tronco principal. Los ejemplos característicos son los cipreses, incluso muchos de los que se usan con fines ornamentales.

Crecimiento lacrimal o llorón
También llamados llorón (sauce llorón) o péndulo (como el abedul), con las ramas y su follaje que van hacia abajo con esa apariencia característica.

Crecimiento irregular
Morfología irregular y única, ya que tanto sus troncos como su ramaje pueden torcerse y ramificarse en múltiples direcciones. Entre estos podemos encontrar algunos de los frutales y otros más dispares como los baobabs.

Tipos de coníferas

Tipos de frondosas

SABÍAS QUE...

Los cipreses se plantan en los cementerios por razones mitológicas, ya que la característica de ser perennes y su forma de crecimiento, así como la gran altura que pueden alcanzar, simboliza que ayudan a las almas del camposanto a llegar al cielo.

3.2. Árboles frutales

Al igual que ocurre con los arbustos, en los árboles tenemos una fuente de producción de alimento muy importante. La mayoría de la fruta que consumimos se produce en especies arbóreas. En estos casos, los cultivos necesitan por lo general de la intervención humana para que la producción sea adecuada.

Podemos diferenciar varias tipologías, que tienen como resultado diferentes tipos de fruto, si bien muchos de los más consumidos en nuestras latitudes provienen de árboles de la misma familia.

Diferenciación según su hoja

En primer lugar, podemos clasificar según el tipo de hoja, si son de hoja perenne o de hoja caduca.

Entre las especies de hoja perenne podemos encontrar especies de cítricos o el olivo.

Los de hoja caduca, es decir, los que pierden sus hojas estacionalmente, son más propios de climas templados. Son muy habituales en nuestras latitudes como el manzano, el peral, el melocotonero o el cerezo, y también de frutos de montanera (frutos secos), por ejemplo, el avellano, el castaño, el almendro o el nogal.

Todos ellos tienen una morfología definida, como veremos a continuación:

Redondeada	Copa redondeada con ramas que se extienden lateralmente desde el tronco central. Por ejemplo, el manzano. En este caso las flores son blancas o rosadas en primavera, y las manzanas se dan a finales de verano u otoño.
Desordenada	También pude considerarse redondeada-ramificada. Es el caso de los cítricos. Más acusado es el caso del limonero, que produce flores blancas que se pueden dar todo el año.
Extendida	Las ramas se extienden horizontalmente. Un ejemplo típico es el almendro, que además da flores rosadas o blancas en primavera y nos da estupendos espectáculos visuales. Tiene su fruto en verano.

Limoneros con crecimiento desordenado

3.3. Fisiología de los árboles. Adaptaciones de árboles y arbustos

Como todos los seres vivos, los vegetales han evolucionado adaptándose al medio en el que viven y se dispersan. A lo largo del tiempo, los mejor adaptados son los que sobreviven, van dando lugar a nuevas generaciones y ocupan mayores espacios, aumentando su distribución y su dispersión.

Ocurre también que hay especies o tipos que son capaces de adaptarse a ambientes más extremos, generalmente en lo que se refiere a la disponibilidad de agua, y desarrollan estructuras para ello (suculencia o espinas).

En ocasiones, determinados grupos de vegetales no pueden soportar alteraciones en las condiciones climatológicas y terminan por desaparecer de un lugar en el que anteriormente tenían amplias distribuciones. Estos llegan a refugiarse en zonas específicas donde puedan mantenerse por una condición microclimática local. Son las llamadas **poblaciones relictas.**

En definitiva, hay muchas adaptaciones de los vegetales en general, y de los árboles y arbustos en particular, que les permiten colonizar ambientes o, en caso de no tenerlas, verse relegados por otros que sí puedan soportar esas condiciones.

Las adaptaciones más generales pasan por ofrecer una mayor resistencia a condiciones de humedad (disponibilidad de agua), temperatura y salinidad del suelo. Las más importantes son las siguientes:

- **Tronco:** en lo referente a la altura y la forma de los troncos, en los bosques densos los árboles tienden a crecer altos y delgados, para competir por la luz solar. Por el contrario, en las áreas abiertas y con viento suelen tener troncos cortos y gruesos, para resistir el viento.
- **Sistema radicular:** los árboles utilizan para absorber agua y nutrientes del suelo, por lo que en suelos pobres o secos a menudo desarrollan sistemas de raíces extensos y profundos para buscarlos. Por el contrario, en zonas con suelos inundados, las raíces llegan a modificarse para absorber aire, como sucede en los manglares, por ejemplo.
- **Hojas:** tanto la forma como el tamaño y la estructura de las hojas pueden variar según el entorno. Por ejemplo, en climas áridos las hojas pueden ser pequeñas y tener formas especializadas para reducir la pérdida de agua. Estas llegan a transformarse en espinas, que además les proporcionan cierta defensa contra los animales herbívoros. Sin embargo, en lugares con alta humedad, las hojas suelen ser más grandes para captar más luz solar, ya que no tienen riesgo de falta de agua en las pérdidas por evapotranspiración. Un fenómeno especial es la suculencia, que consiste en el engrosamiento de hojas e incluso tallos en los que se acumula agua, algo típico de los cactus y vegetales similares.
- **Crecimiento:** esto es algo que ocurre en muchos árboles y arbustos que presentan patrones estacionales de crecimiento. Por ejemplo, en los climas templados el crecimiento tiende a ser más activo durante la primavera y el verano, mientras que se ralentiza o se detiene durante el invierno. Los árboles en estas épocas se quedan como en pausa para ahorrar energía.
- **Tolerancia al fuego:** esto ocurre en algunos territorios donde pueden ser frecuentes los incendios forestales de forma natural. Algunas especies de árboles y arbustos han evolucionado para resistirlo. Pueden tener corteza gruesa o capas de corteza que protegen los tejidos internos del fuego, como ocurre con la suberina de los alcornoques. Tienen sus

partes vegetativas alejadas (caso de algunas especies de pino con la copa característica y muy alejada del fuego), e incluso algunas especies llegan a usar estos incendios para germinar o liberar semillas.

- **Tolerancia a la sombra:** en los bosques muy densos, los árboles pueden desarrollar adaptaciones para crecer bajo la sombra de árboles más grandes. Así, pueden tener hojas más grandes y delgadas para llegar a la luz.
- **Reproducción y dispersión:** algunas producen frutos carnosos que son consumidos por los animales, que luego dispersan las semillas a través de sus deposiciones. Los frutos son una estrategia de las plantas para aprovechar a los animales para dispersarse. Las ardillas, por ejemplo, que entierran las bellotas y otros frutos de montanera, en muchos casos terminan germinando y dando lugar a nuevos pies de árbol. Especies como los sauces tienen semillas que son impulsadas por el viento.

Detalle de hojas con suculenta

NOTA

El aprovechamiento del potencial biológico de los cultivos y su adaptación a la zona es fundamental para mantener una producción sostenible.

ACTIVIDAD COMPLEMENTARIA

1. Busca información sobre los cultivos de árboles o arbustos más comunes en tu área e identifica qué tipo de morfología tienen.

4. Resumen

A lo largo de esta unidad hemos hecho una aproximación a las características y propiedades de las especies vegetales atendiendo a diferentes aspectos:

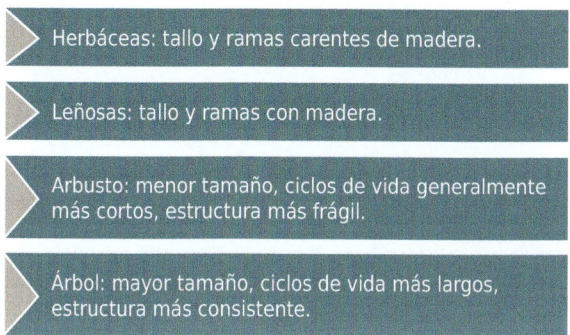

Herbáceas: tallo y ramas carentes de madera.

Leñosas: tallo y ramas con madera.

Arbusto: menor tamaño, ciclos de vida generalmente más cortos, estructura más frágil.

Árbol: mayor tamaño, ciclos de vida más largos, estructura más consistente.

El tipo de crecimiento que tienen las diferentes especies vegetales hace que sean aprovechables por el ser humano de diferentes formas, ya que hay variedad de usos que les podemos dar, como el aprovechamiento de la madera de múltiples formas.

Podemos distinguir las siguientes morfologías arbustivas:

Rastrero   Vertical   Redondeado   Ramificado

Estos árboles tienen unas características de crecimiento diferentes y, al igual que ocurre con los matorrales, podemos clasificarlos de la siguiente manera:

Erguido   Extensivo o expandido   Irregular   Columnar   Lacrimal

Las adaptaciones de las diferentes especies vegetales en función del clima y las posibles distribuciones que alcanzan van a marcar los cuidados que se deben hacer para mantener aquellos destinados a distintas producciones. En función de ellas, y para los árboles frutales, adquieren diferentes morfologías atendiendo a:

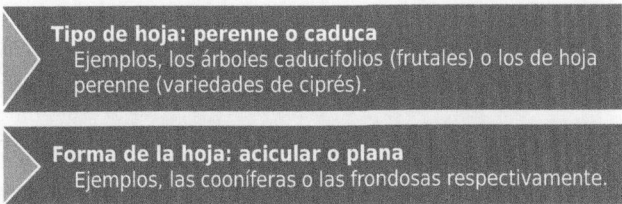

Tipo de hoja: perenne o caduca
Ejemplos, los árboles caducifolios (frutales) o los de hoja perenne (variedades de ciprés).

Forma de la hoja: acicular o plana
Ejemplos, las cooníferas o las frondosas respectivamente.

También se pueden utilizar algunas de estas características para situaciones de parques y jardines, es decir, ornamentales, más apropiados y adaptados a la zona en la que se instalen.

En definitiva, hay una gran variedad de especies vegetales con muchas tipologías y formas que los seres humanos hemos aprovechado desde siempre.

Ejercicios de autoevaluación
Unidad de Aprendizaje 1

1. La importancia de los árboles y arbustos para el ser humano tiene fines:

   a. Alimentarios
   b. Ornamentales
   c. Silvícolas
   d. Todas las opciones son correctas.

2. ¿Cuál de las siguientes opciones es una diferencia entre herbáceas y leñosas?

   a. El tamaño
   b. La función en los ecosistemas
   c. La textura
   d. Todas las opciones son correctas.

3. El tejido vascular que transporta agua y nutrientes desde las raíces hasta las hojas y otras partes del árbol es:

   a. Corteza
   b. Xilema
   c. Médula
   d. Raíces

4. ¿Cuál de las siguientes son diferencias entre árboles y arbustos?

   a. Tamaño.
   b. Tipo de hoja.
   c. Longevidad.
   d. Las opciones a y c son correctas.

5. Determina si la siguiente oración es verdadera o falsa: "La morfología de los arbustos en la que sus ramas se levantan desde la base de la planta y crecen hacia arriba en un ángulo cercano a los 90 grados respecto al suelo son de tipo vertical".

   ■ Verdadero
   ■ Falso

6. Un ejemplo de morfología arbustiva columnar es:

   a. Cipreses
   b. Rododendros
   c. Enebros
   d. Zarzamoras

7. El tipo de bosque en el que frecuentemente viven especies de robles es:

   a. Taiga
   b. Templado caducifolio
   c. Mediterráneo
   d. De coníferas

8. Una característica de los árboles de copa redondeada y hoja frondosa de bosque templado es que:

   a. Tienen hojas perennes.
   b. Tienen hojas caducifolias que se caen en primavera.
   c. Tienen hojas caducifolias que se caen en otoño.
   d. Todas las opciones son falsas.

9. Determina si la siguiente oración es verdadera o falsa: "La suculencia es una adaptación de algunos vegetales a los terrenos inundados".

   ■ Verdadero
   ■ Falso

10. Los cítricos, en particular los limoneros, tienen una estructura y un crecimiento:

    a. Lacrimales o llorones
    b. Redondeados
    c. Verticales
    d. Desordenados

Técnicas de poda

Contenido

Objetivos

El objetivo general de esta Unidad de Aprendizaje es:

→ Identificar las características principales de los sistemas de poda en árboles frutales.

Los objetivos específicos de esta Unidad de Aprendizaje son:

→ Identificar las diferencias entre la poda de árboles estéticos y árboles productivos.

→ Identificar las herramientas de corte más adecuadas según el tipo de poda.

→ Identificar especies y su calendario.

→ Dominar los principios generales de la poda.

→ Diferenciar entre los diferentes tipos de poda.

1. Introducción

La belleza de los árboles se determina por la constitución, la armonía y la estructura de sus troncos y sus ramas.

La forma y la estructura de un árbol dependen de su función: si un árbol crece en una ciudad, su importancia radica en los beneficios que aporta al medio ambiente urbano: limpia el aire, regula la temperatura, reduce el ruido y mejora la calidad de vida; si un árbol está destinado a producir frutas, su estructura se adapta para maximizar la producción de frutos de calidad y facilitar su recolección.

En cualquiera de los casos, es fundamental tener un buen conocimiento de los principios fisiológicos de los árboles, la relación copa-raíz, ya sea para su conservación, su producción frutícola o su valor monumental o ecológico.

Tras comprender ciertos aspectos del crecimiento de los vegetales y poder elegir el tipo de especies que cultivar, Víctor quiere conocer todo aquello relativo a la conservación, la poda y el tratamiento de estos para conseguir un mayor beneficio.

2. Concepto de poda

☞ HILO CONDUCTOR

Para mantener y conservar su plantación, Víctor acude a textos explicativos para informarse acerca de las estrategias que seguir en las tareas de poda.

- -

La poda es una técnica que consiste en cortar partes de una planta para mejorar su salud y apariencia. Tradicionalmente, se intervenía mucho en la forma de los árboles, pero hoy en día se busca respetar su crecimiento natural. Sin embargo, en entornos urbanos, la poda genera debates entre ciudadanos, políticos y expertos debido a las diferentes opiniones sobre cómo manejar y cuidar la vegetación en las ciudades.

Actualmente se tiende a interferir lo menos posible en la estructura del árbol o arbusto, procurando su naturalidad, su desarrollo armónico y su forma equilibrada.

En las ciudades, los árboles y plantas deben convivir en armonía con la infraestructura urbana.

 **IMPORTANTE**

Las operaciones de poda de los árboles frutales se realizarán para alcanzar la máxima productividad, generando una estructura donde la savia fluya hacia la copa y frutos, para alargar al máximo la vida productiva del árbol.

Concretando, en el caso de los árboles y arbustos la poda se realiza principalmente con los siguientes propósitos:

Mejorar la salud de la planta
- Eliminar ramas enfermas, muertas o dañadas.
- Controlar el crecimiento de chupones y ramas innecesarias.
- Permitir que la luz y el aire penetren en el interior de la copa.
- Reducir el riesgo de plagas y enfermedades.

Favorecer y estimular el crecimiento
- Guiar el crecimiento de la planta hacia una forma determinada.
- Estimular la ramificación y el crecimiento de nuevas ramas.

Continúa en página siguiente >>

<< Viene de página anterior

Crear la forma estética deseada
- Crear una estructura fuerte y equilibrada.

Aumentar la producción de frutos
- Concentrar la energía de la planta en la producción de frutos.
- Mejorar el tamaño y la calidad de los frutos.
- Facilitar la recolección de los frutos.

Seguridad
- La poda de árboles cerca de edificios o carreteras se realiza para reducir el riesgo de caídas de ramas y mejorar la seguridad.

3. Principios generales

☞ HILO CONDUCTOR

En el estudio, lo primero que debe hacer Víctor es conocer por qué y para qué debe hacer la poda, por lo que acude a una explicación al respecto en un foro de jardinería.

La poda es una técnica utilizada para mejorar la salud y la apariencia de los árboles, las plantas y los arbustos. Sin embargo, realizarla de manera incorrecta puede dañarlos gravemente. La historia de la poda se remonta a siglos atrás. A lo largo del tiempo se han desarrollado diversas técnicas y creencias, lo que puede generar confusión entre quienes no son expertos en este asunto. Para evitar errores y actuar con prudencia en la poda, es fundamental seguir los siguientes **principios generales:**

Determinar el propósito y los objetivos

Identificar el momento adecuado para la poda

Respetar la forma natural del árbol

Continúa en página siguiente >>

<< Viene de página anterior

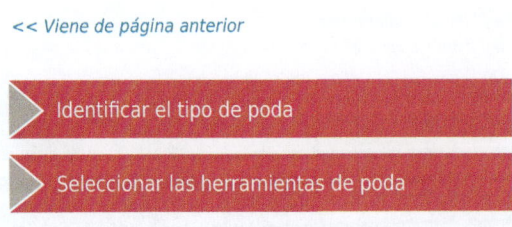

Identificar el tipo de poda

Seleccionar las herramientas de poda

3.1. Propósito y objetivos

Antes de iniciar cualquier trabajo de poda, es fundamental realizar un análisis exhaustivo para determinar el propósito y los objetivos específicos que se persiguen.

La poda no debe considerarse una práctica arbitraria, sino una intervención meditada con el fin de:

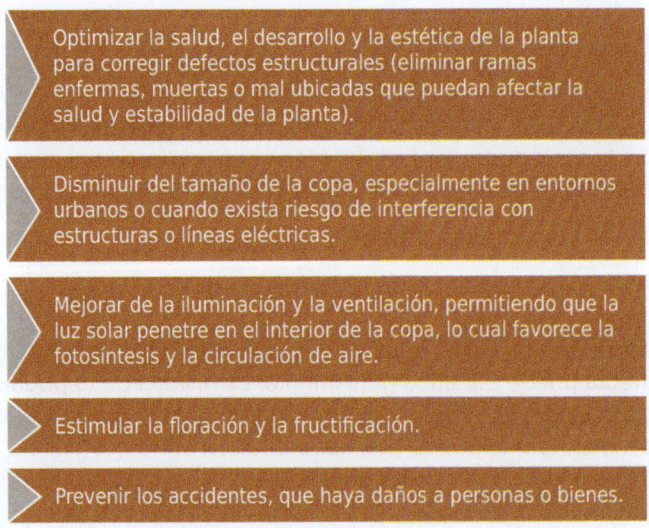

Optimizar la salud, el desarrollo y la estética de la planta para corregir defectos estructurales (eliminar ramas enfermas, muertas o mal ubicadas que puedan afectar la salud y estabilidad de la planta).

Disminuir del tamaño de la copa, especialmente en entornos urbanos o cuando exista riesgo de interferencia con estructuras o líneas eléctricas.

Mejorar de la iluminación y la ventilación, permitiendo que la luz solar penetre en el interior de la copa, lo cual favorece la fotosíntesis y la circulación de aire.

Estimular la floración y la fructificación.

Prevenir los accidentes, que haya daños a personas o bienes.

3.2. Identificar el momento adecuado para la poda

Elegir el momento ideal para podar un árbol es fundamental para su salud. Generalmente, se recomienda hacerlo durante el **periodo de reposo invernal,** cuando el árbol está inactivo. Sin embargo, la época exacta puede variar, dependiendo de factores como el tipo de árbol, el clima y el objetivo de la poda:

⮑ **Las condiciones climáticas locales:** especialmente las temperaturas influyen en el ciclo vegetativo de las plantas. En climas templados, la poda suele realizarse entre finales de otoño e inicios de primavera, mientras que en climas más fríos, puede posponerse hasta finales de invierno o principios de primavera.

⮑ **Condiciones fenológicas de la especie:** cada especie vegetal presenta un ciclo vital único, con etapas de crecimiento, floración, fructificación y reposo. Es fundamental conocer las características fenológicas de la especie que podar para seleccionar el momento más adecuado para la intervención. También es fundamental conocer las yemas, su estado y posición.

⮑ **Propósito de la poda:** también influye en la selección del momento oportuno. Por ejemplo, si se busca estimular la floración, la poda debe realizarse antes del periodo de brotación.

3.3. Respetar la forma natural del árbol

Cada árbol posee una dinámica de crecimiento única, la cual debe ser observada y comprendida en detalle antes de realizar cualquier intervención de poda. Es fundamental respetar el desarrollo natural del árbol y evitar podas drásticas que alteren su forma y su estructura.

La poda debe buscar complementar el crecimiento natural del árbol, no imponerle una forma artificial (lo que se realiza en agricultura). Se debe identificar el patrón de crecimiento, identificando las ramas principales y las secundarias, respetando su jerarquía y la estructura natural, realizando cortes limpios y precisos, y evitando las podas, ya que esto puede debilitar al árbol y hacerlo más susceptible a plagas y enfermedades.

 **VÍDEO**

En el siguiente vídeo podrás obtener más información sobre la poda natural, qué cortar según el objetivo al que aspiremos y qué precauciones debemos tener. Puedes acceder desde aquí:

Continúa en página siguiente >>

<< Viene de página anterior

https://redirectoronline.com/agau016po0201

3.4. Identificar los tipos de poda

Una regla fundamental en la poda de árboles es identificar el tipo de poda idóneo en función del objetivo que se busca alcanzar.

Cada tipo de poda se caracteriza por técnicas y objetivos específicos. Aplicarla correctamente es crucial para optimizar la salud, el desarrollo y la estética de la planta. Así, podemos distinguir los siguientes tipos para los árboles frutales:

Poda de formación
Para guiar el crecimiento del árbol desde sus primeras etapas. Le proporciona una estructura sólida y equilibrada que favorece su desarrollo futuro.

Poda de limpieza
Para eliminar ramas muertas, enfermas, secas o dañadas, así como brotes chupones o vigorosos que puedan afectar a la salud y el aspecto del árbol.

Poda de rejuvenecimiento
Para estimular el crecimiento nuevo y vigoroso en los árboles maduros o debilitados. Prolonga su vida útil y mejora su aspecto estético.

Poda de mantenimiento
Con el objetivo de controlar el tamaño y la forma del árbol. Lo adapta al espacio disponible y evita que interfiera con estructuras y líneas eléctricas, o que dificulte la visibilidad.

3.5. Seleccionar las herramientas de poda

Para podar correctamente, es esencial utilizar las **herramientas adecuadas.** Cada herramienta sirve para cortar ramas de diferentes tamaños y alturas: tijeras de podar, cortasetos, podadoras, podadora telescópica, motosierra, etc. Es importante mantenerlas limpias, desinfectadas y afiladas, para asegurar un corte limpio y evitar transferirle enfermedades en la planta.

La seguridad al podar es primordial. Además de las herramientas adecuadas, es esencial utilizar un buen equipo de protección, como gafas, guantes, protectores auditivos y ropa gruesa, para evitar accidentes y lesiones.

 TAREA 2

Víctor se propone hacer un curso, el AGAU16PO, para hacerse cargo personalmente de la poda de los árboles de su finca. ¿Qué debe conocer, como principios de la poda en general?

4. Interpretación de la poda

 HILO CONDUCTOR

Tras realizar el curso correspondiente, tiene Víctor dudas de si se tratará de podas buscando beneficio estético o funcional o más bien si es posible hacerlo de ambas.

La palabra *podar* proviene del latín *putare,* que significa cortar. Este término se ha usado desde hace siglos en agricultura y jardinería para describir la acción de recortar las ramas de los árboles. Aunque su significado principal ha sido cortar, también se ha extendido a otras acciones como limpiar.

Aunque se ha hecho durante siglos, algunos expertos creen que podar demasiado puede dañar a los árboles, especialmente a los más viejos. Otros piensan que la poda es necesaria para mantenerlos saludables y controlados.

4.1. Generalidades

La poda es una operación fundamental en el cuidado de los árboles frutales. Normalmente, los primeros cortes se realizan para controlar el desarrollo del árbol, guiar el crecimiento de los brotes y sanear la copa, eliminando las partes dañadas o los crecimientos con una mala orientación.

La poda de los frutales de hueso busca frutos de calidad. Al podar, se equilibra la producción de flores y hojas para obtener frutos más grandes y sabrosos.

 **NOTA**

La poda debe ser equilibrada. Si no se poda, el árbol producirá demasiada fruta pequeña y desperdiciará energía. Si se poda en exceso, se reduce la producción y aparecerán brotes débiles que afectarán a la calidad de la fruta en el futuro. En resumen, encontrar el punto medio en la poda es clave para obtener una buena cosecha.

Controversia sobre la poda

Podar demasiado los árboles puede dañarlos gravemente. Al igual que las personas, los árboles tienen un equilibrio interno delicado, y podar en exceso lo rompe, con lo que árbol queda débil y resulta más vulnerable a las enfermedades. Además, se eliminan partes esenciales para su supervivencia y crecimiento.

SABÍAS QUE...

A menudo surgen debates sobre cómo manejar la poda en jardinería o en agricultura. Algunas investigaciones recientes sugieren minimizar la poda de las plantas, aunque en la práctica esto puede variar.

Los expertos en botánica aconsejan evitar la poda de los árboles y limitarse a eliminar las ramas secas y aquellas que alteren la forma deseada del árbol o arbusto.

Sin embargo, hoy se ha hecho popular mantener los árboles y los arbustos con cortes precisos y formas específicas, como olivos centenarios estilo prebonsái o árboles grandes en jardines pequeños.

Reglas en la poda

Algunos aspectos importantes que tener en cuenta en la poda son:

- **Reglas básicas:** hay que establecer unas reglas básicas. La poda debe atender a las necesidades de la planta sin debilitarla. Se recomienda podar tras las heladas y antes de la primavera, excepto en los árboles de rápido crecimiento.
  Una poda adecuada considera la nutrición, la aireación, la iluminación y el espacio vital del árbol.
- **Regla general:** como regla general, la poda en los jardines que sean grandes y extensos solo se debe hacer de las ramas secas y las que alteran la forma del árbol; en los pequeños, suelen ser más intensas, considerando el tamaño deseado del árbol, el espacio disponible y la forma que se le quiera dar.
  La poda en los frutales se realiza para aumentar el tamaño de la fruta y facilitar su acceso. En el caso de los árboles madereros, lo que se persigue es mejorar la calidad de la madera.
- **Necesidades:** la poda buena ha de respetar la estructura del árbol y debe satisfacer sus necesidades sin rejuvenecerlo, ya que aumenta su desgaste de energía. Aunque se puede podar todo el año, se recomienda hacerlo tras las heladas y antes de la primavera. Los árboles de rápido crecimiento se podan después de la primavera y pueden generar brotes vigorosos pospoda.

➲ **Podas intensas:** un árbol requiere nutrientes, aireación de raíces, luz y espacio. A veces, para asegurar la luz y el espacio, se necesitan podas intensas, lo que se puede prevenir con una planificación adecuada, considerando el tamaño adulto de las plantas.

Corte correcto

Esculpir la naturaleza: la poda y la formación de las plantas

Podar correctamente es clave para la salud de las plantas. Cada planta es única y requiere técnicas específicas. Un buen podador entiende cómo reaccionará la planta a la poda.

Un buen podador sabe realzar la belleza y la salud de las plantas. Cada especie necesita una técnica específica. Podar sin razón puede dañar a la planta.

Un buen podador puede convertir un jardín en una obra de arte vegetal.

Escudo contra las enfermedades

La poda protege y fortalece a las plantas, al eliminar partes enfermas y dirigir la energía a las zonas sanas. Cuando se hace bien, no daña a la planta, sino que la estimula. Al quitar ramas innecesarias, la planta puede concentrar sus energías en las partes saludables, con lo que crecerá más fuerte y producirá más frutos o flores.

La fotosíntesis: el motor verde de la vida vegetal

Los árboles no son estáticos, sino seres vivos que se adaptan a su entorno para sobrevivir y reproducirse. Las plantas crecen hacia la luz para realizar la fotosíntesis. El tallo crece hacia arriba y las ramas se extienden para capturar la mayor cantidad de sol posible.

Las raíces no solo alimentan a la planta, sino que también la sujetan al suelo, evitando que se caiga. Su tamaño y profundidad dependen de cada especie.

Las plantas usan la luz del sol para crear su propio alimento en las hojas, gracias a la clorofila. Este proceso se llama fotosíntesis.

La clorofila, presente en las hojas de las plantas, captura la energía del sol y la utiliza para transformar agua y dióxido de carbono en azúcar y oxígeno. El azúcar sirve como alimento para la planta y el oxígeno es liberado al aire.

La clorofila es un pigmento de color verde que captura la luz solar.

Podar las plantas es importante para mantenerlas en buenas condiciones. El problema es que, al quitar hojas, también se reduce su capacidad para realizar la fotosíntesis y obtener energía del sol. Después de la poda, es fundamental regarla y fertilizarla. El riego repone el agua perdida por la planta y el fertilizante le proporciona los nutrientes necesarios para producir nuevas hojas y ramas, compensando así la pérdida causada por la poda.

IMPORTANTE

Cuanto más material se elimine y más frecuente sea la poda, mayor será la demanda de agua y nutrientes de la planta. Por lo tanto, es fundamental ajustar la frecuencia y la intensidad de la poda en función de las necesidades específicas de cada planta y de las condiciones ambientales.

Protección ante heridas y enfermedades

Los árboles poseen un mecanismo de defensa para protegerse de las enfermedades y las heridas.

Las plantas se defienden de las enfermedades creando una barrera alrededor de la zona infectada para evitar que se propague. Las plantas leñosas, como los árboles y los arbustos, forman una cicatriz o callo sobre las heridas para protegerse de infecciones. Esta barrera física, además de la respuesta química, sella la herida y evita que entren agentes patógenos.

Curación de heridas de poda

4.2. Partes de un árbol

Las plantas, como los árboles, necesitan agua, luz y nutrientes para crecer. Estas sustancias permiten que las células de la planta se dividan y formen nuevos tejidos. Este crecimiento ocurre principalmente en zonas especiales llamadas meristemos. Las nuevas células se especializan y forman los diferentes órganos de la planta: raíz, tallo, ramas, hojas, flores y frutos.

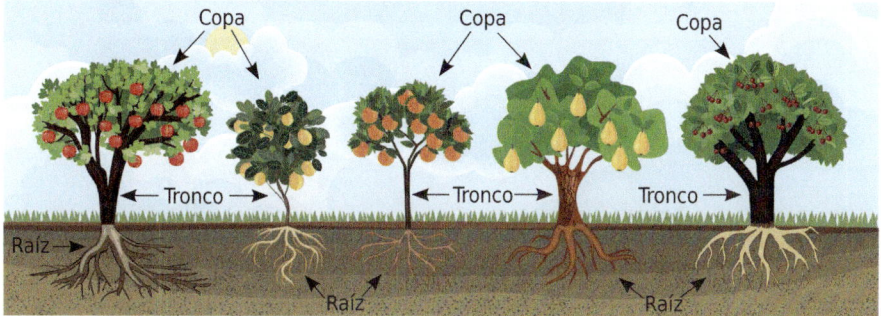

Al espacio que ocupa un árbol, a la envergadura de este le llamamos estructura y esta presenta tres grandes partes: copa (ramas y hojas), tronco y raíces.

IMPORTANTE

Para interpretar correctamente la poda, hay que conocer muy bien la anatomía y la fisiología de los árboles.

Tallo. Dominancia apical

La **dominancia apical** es el control que ejerce la yema principal de una planta sobre las yemas laterales. Esto hace que la planta crezca hacia arriba en busca de luz. Cuando se poda la yema principal, las yemas laterales se activan y la planta se ramifica.

Las **yemas** son como pequeñas fábricas de crecimiento. Contienen células que se dividen rápidamente y permiten que la planta se alargue.

El **cámbium** es una capa de células que hace que el tallo crezca en grosor. Es como un anillo que produce nuevas células hacia adentro (madera) y hacia afuera (corteza).

A continuación, se describen las diferencias entre las ramas secundarias:

Aumento del grosor
- Las células del cámbium se dividen y se multiplican a un ritmo acelerado, engrosando el tallo de forma gradual. Este proceso es fundamental para proporcionar soporte a la planta a medida que crece en altura y peso, y para transportar agua y nutrientes a través de los tejidos vasculares que se forman en su interior.

Creación del tejido vascular
- El cámbium no solo aumenta el grosor del tallo, sino que también crea dos tipos de tejidos vasculares: el xilema y el floema. El xilema actúa como un sistema de tuberías, transportando agua y minerales desde las raíces hasta las hojas. El floema, por su parte, se encarga de transportar los azúcares producidos en las hojas hacia el resto de la planta, proporcionando la energía necesaria para su crecimiento y desarrollo.
- A medida que las plantas maduran, algunas de las células del cámbium se transforman en células leñosas, un proceso conocido como lignificación.

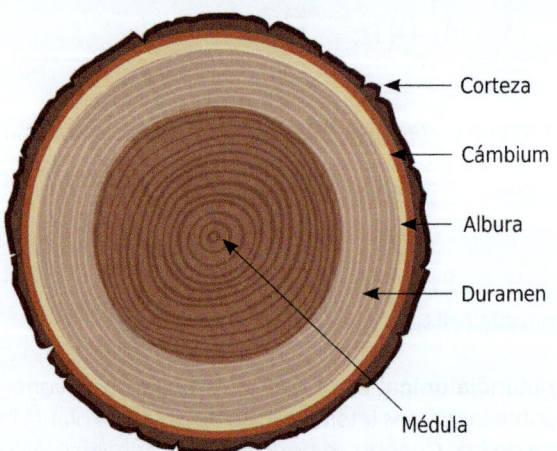

Corteza

Cámbium

Albura

Duramen

Médula

Infografía interior de un tronco

A medida que las plantas maduran, algunas de las células del cámbium se transforman en células leñosas. Este proceso se llama lignificación.

Estas células leñosas, más duras y resistentes, proporcionan a la planta la robustez necesaria para soportar su propio peso, las inclemencias del tiempo y el ataque de los herbívoros.

NOTA

Las plantas han desarrollado diferentes estrategias para sobrevivir. Los árboles y los arbustos tienen una corteza dura que los protege del frío y la sequía, lo que les permite vivir muchos años. Las plantas caducas pierden sus hojas en invierno para ahorrar agua y energía, y así sobrevivir hasta que vuelva la primavera.

Yemas

La yema es un órgano complejo. Tiene células con capacidad de multiplicación a modo de botón escamoso, tanto vegetativo (madera) como de fructificación (flores).

Por su naturaleza podemos distinguir dos tipos:

Yemas de madera
También conocidas como yemas vegetativas, son pequeñas, puntiagudas y cónicas. Estas yemas no están relacionadas con la floración y se encuentran en las ramas.

Yemas de flor
Son los botones florales. Aproximadamente un mes antes de la floración se distinguen fácilmente de las yemas de madera porque son redondas, globosas y más voluminosas.

Por su situación las denominamos:

| Yemas terminales o apicales | Yemas laterales o axilares | Yema estipular |

| Yema latente | Yema adventicias |

 **NOTA**

La capacidad de adaptación de las plantas también se manifiesta ante la poda. Cuando se elimina una parte de la planta, esta reacciona activando las yemas latentes de las zonas cercanas al corte. Estas yemas brotan y dan lugar a nuevos tallos y ramas, lo que le permite a la planta remodelar su estructura y adaptarse a las nuevas condiciones.

Ramas en la copa

Los árboles tienen una estructura basada en ejes: un eje principal (tronco) y unos ejes secundarios (ramas). Las ramas principales, o guías, son las más importantes y sostienen toda la estructura del árbol. De ellas salen ramas más pequeñas, donde crecen las hojas y los frutos. Aunque hay muchos tipos de ramas y definiciones según la especie y variedad del frutal, a estas ramas secundarias las llamamos:

- **Chupones:** es una rama que crece vigorosamente en vertical y que no da fruto. Es indeseable para el árbol. Cuando sale de la base del árbol o de la raíz la llamamos sierpes y se deben eliminar.
- **Dardos:** rama muy pequeña de 1 a 3 cm. Tiene forma puntiaguda y una yema de madera en la punta.
- **Brindillas:** son ramas delgadas que miden 10-50 cm. Las yemas laterales son de madera y la terminal puede ser de madera (brindilla simple) o mixta (brindilla coronada).
- **Lamburdas:** rama de 3 a 5 cm. Sin yemas laterales. Tiene una yema mixta en la punta que da un ramillete de hojas y una o varias flores. Es la principal productora de flores y frutos en el peral y el manzano.
- **Ramos de maderas:** es un ramo vigoroso, también provisto únicamente de yemas de madera.

A continuación, presentamos una clasificación de las ramas en función de las yemas que portan:

Yemas vegetativas

| Chupones | Dardos | Brindillas |

| Ramos de madera | Ramo espinoso |

Yemas fructíferas

Formaciones especiales

4.3. La poda responsable

Al podar, hay que cortar de forma limpia y pequeña, para que el árbol se cure bien. Si queremos llevar a cabo una poda responsable, hemos de tener en cuenta los siguientes factores:

- ○ **Capacidad de adaptación a la poda:** al podar, es importante respetar los mecanismos de defensa naturales de las plantas. Para ello se deben realizar cortes limpios y lo más pequeños posibles, justo en los puntos donde estos mecanismos son más activos. Estos puntos son los nudos del tallo o la zona que hay justo debajo del cuello que se forma en la base de una rama que crece junto al tronco.

La mayoría de los árboles y arbustos se adaptan bien a las diferentes técnicas de poda. Sin embargo, algunas especies son más delicadas y requieren un tratamiento especial para garantizar el resultado deseado.

- **Diversidad dentro del mismo género:** incluso dentro de un mismo género, las plantas no siempre responden de la misma manera a la poda. Si bien en general comparten características comunes, sus hábitos de crecimiento y épocas de floración pueden variar notablemente. Estos factores son fundamentales a la hora de elegir la técnica de poda más adecuada.

- **Protección a la biodiversidad:** la protección de los árboles no se limita únicamente a su cuidado y mantenimiento. Es fundamental recordar que, en muchos casos, estos ejemplares albergan una rica biodiversidad, incluyendo especies animales protegidas. Por ello, cualquier trabajo realizado en un árbol debe tener en cuenta este importante requisito: evitar a toda costa asustar o molestar a la fauna presente.

- **Severidad y tolerancia a la poda:** las diferencias entre los arboles del mismo género no se limitan a su crecimiento y floración. Su tolerancia a la poda también puede variar considerablemente. Un ejemplar puede responder de manera excepcional a una poda drástica, mientras que otro del mismo género puede sufrir un impacto tal que incluso llegue a morir.

Podar demasiado un árbol lo debilita, lo hace más vulnerable a enfermedades y aumenta el riesgo de que se rompan sus ramas.

Si quitas muchas ramas debilitas al árbol, que puede enfermar. **Los cortes grandes son peores que muchos pequeños.** Los árboles jóvenes aguantan mejor la poda, pero siempre es mejor no pasarse.

Tocones/ heridas de poda

IMPORTANTE

Otra regla general de la poda es que ninguna rama deberá ser podada si no hay algún motivo.

La pintura para heridas de poda puede perjudicar más que beneficiar al árbol.

En resumen, si bien la mayoría de las plantas se benefician de una poda adecuada, es crucial conocer las características específicas de cada especie antes de tomar las tijeras y el resto de las herramientas.

Herida de poda

 TAREA 3

Víctor quiere podar sus frutales para obtener de ellos la máxima producción posible. También tiene en su finca árboles que rodean la casa y la nave agrícola. Cree que con una poda de descarga de madera es suficiente para todos los árboles. Ayuda a Víctor a elegir la opción más adecuada.

5. Tipos de poda

 HILO CONDUCTOR

Para el tipo de plantación que está pensando en su parcela, y tras hablar con profesionales al respecto, Víctor necesita saber qué tipo de poda y qué metodología es la más apropiada en cada ocasión.

Los árboles sanos y en un entorno adecuado no necesitan poda, ya que ellos mismos regulan su crecimiento. Solo se poda cuando algo externo (enfermedad, daño, ubicación peligrosa) altera su estado natural y representa un riesgo para el árbol o su entorno.

Antes de abordar los distintos tipos de poda, indicamos los tipos de corte que podemos realizar a las ramas. Un mal corte puede provocar la pudrición total o parcial del tronco; también puede haber ramas, aparentemente sanas, que se rompan o se caigan en cualquier momento.

5.1. Tipos de corte en la poda

Hay que reseñar que todo corte es una herida y que el árbol tenderá a cicatrizarla con un labio cicatrizante, aislando así la madera que esté infectada. Para ello es necesario que las herramientas de corte estén afiladas y desinfectadas, así el corte será limpio y eficaz.

Distinguimos los siguientes tipos de corte de ramas:

- **Correcto o ciego:** los cortes no se harán muy próximos al tronco ni tampoco muy alejados, dejando un pequeño tocón. Siempre limpios, sin astillas, para que el cámbium cierre la herida.
  Consiste en cortar una rama desde su inicio, con el objeto de que la savia que circulaba por ella pase por la rama contigua. Así se consigue un mejor desarrollo por este motivo y por el espacio liberado por la rama cortada.

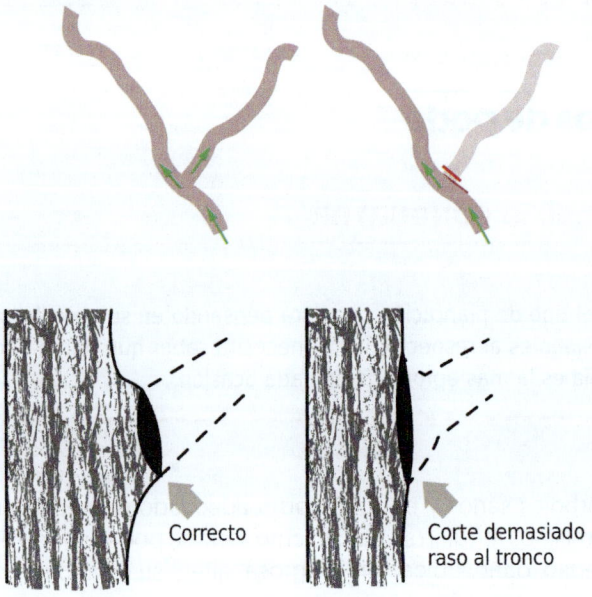

Correcto

Corte demasiado raso al tronco

● **De arroje o con tocón:** es un tipo de corte que se realiza cuando se pretende sustituir la rama cortada por una nueva. Consiste en cortar una rama dejando un pequeño tocón en ella, para que el parón de savia provoque una emisión de brotes, los cuales, tras selecciones progresivas, acabarán renovando la rama cortada.

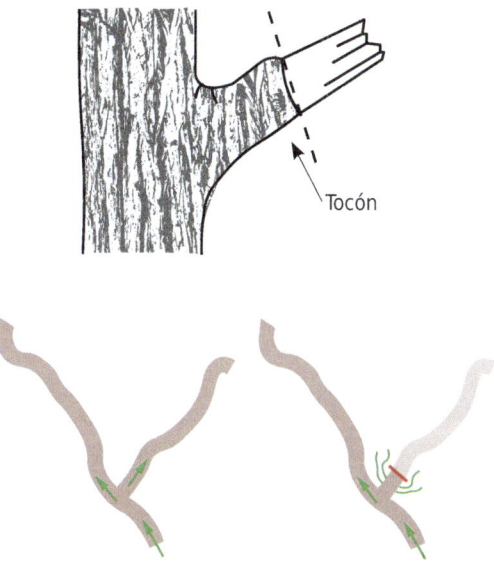

Tocón

● **Perfilado:** el corte siempre se procurará en rama que quede perfilado.

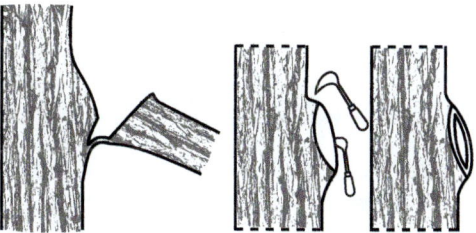

● **De rebaje:** es un tipo de corte que se realiza normalmente con una máquina de discos o de cuchillas. Consiste en cortar una rama a una altura indeterminada. Su finalidad puede ser desde la adaptación de tamaños a exigencias de la máquina recolectora o a necesidades de espacio hasta la búsqueda de la emisión de nuevos brotes en determinadas zonas.

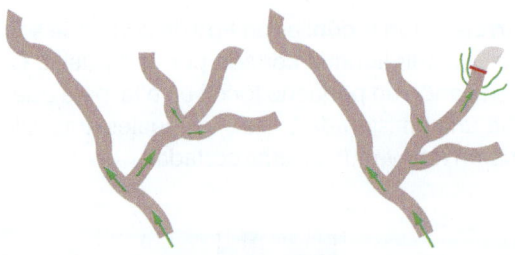

○ **A dos fases:** si el árbol es maduro y la rama de gran diámetro, se realiza el corte en dos fases, para que no haya desgarro.

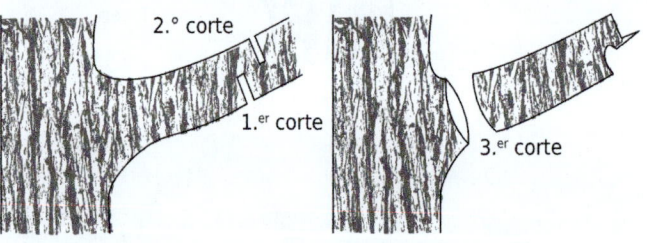

5.2. Cortes de poda básicos

Existen tres tipos principales de cortes de poda, cada uno de los cuales tiene un propósito específico:

Cortes adelgazantes
Reducen el tamaño de la rama, recortando un tallo más grande hasta convertirlo en una rama lateral más pequeña, idealmente de un tercio a la mitad del diámetro del tallo cortado.

Cortes de eliminación
Se retira completamente una rama o un tallo para reducir la densidad de las plantas, permitiendo que la luz llegue a las ramas interiores, lo que fomenta el crecimiento deseado.

Cortes de rumbo, corte tirasavia
De manera similar a los cortes de reducción, estos cortes reducen la longitud de un tallo eliminando una rama, independientemente de su posición o del tamaño de la rama lateral.

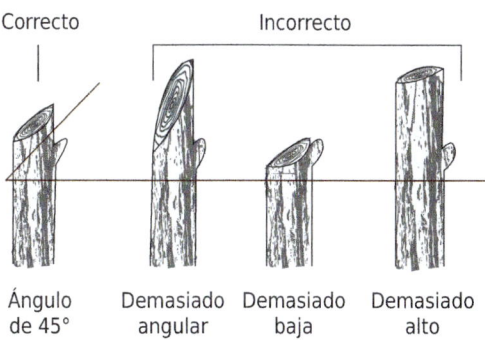

Ejemplos de tipo de corte correcto

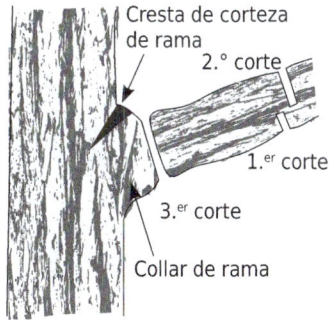

5.3. Propósitos y objetivos de la poda en árboles frutales

La poda de árboles frutales se realiza con el propósito específico de mejorar la calidad de la fruta y maximizar la producción. A diferencia de otros árboles, no solo se busca preservar la salud o la estética del árbol, sino también optimizar su rendimiento.

Ejemplo de poda de formación

Podar árboles frutales es una técnica que, si se hace bien, permite obtener frutos de mejor calidad y en mayor cantidad. A diferencia de podar árboles para decorar o dar sombra, al podar frutales el objetivo es encontrar un equilibrio entre el crecimiento de las ramas y la producción de fruta:

- **Objetivo de la poda:** mejorar la calidad de la fruta, asegurando que el tamaño, el sabor y el valor nutricional sean óptimos.
- **Balance de crecimiento frente a producción:** evitar la sobrecarga de frutas pequeñas y de baja calidad, promoviendo un desarrollo equilibrado del árbol. Para ello, debemos guiar el crecimiento del árbol, estimulando la formación de ramas vigorosas que soporten frutos de mayor tamaño y sabor.
  Es importante encontrar el punto de equilibrio entre estimular el crecimiento del árbol y permitir la fructificación.
- **Métodos de poda:** Utilizar métodos de poda adecuados para no dañar el árbol ni comprometer la futura cosecha. Al aplicar una técnica de poda adecuada y mantener un balance entre el crecimiento y la producción, se pueden cosechar frutos deliciosos y de alta calidad, lo que resulta en una mejora significativa del rendimiento frutal. Una poda excesiva puede debilitar el árbol, reduciendo su capacidad de producción; por el contrario, si no se poda lo suficiente, la energía del árbol se dispersará en multitud de frutos pequeños, lo cual afecta a su calidad.
- **Especialización poda productiva:** la poda de frutales no es una tarea sencilla, requiere conocimientos específicos sobre la fisiología del árbol, las diferentes especies y sus necesidades particulares. Por ello, es recomendable encomendar esta labor a podadores expertos que sepan identificar las ramas productivas y guiar el crecimiento del árbol de forma adecuada.

En relación con los árboles urbanos, la poda debe ser una actividad planificada, con el propósito de eliminar ciertas ramificaciones que logren un desarrollo más fuerte del árbol, lo cual mejora su floración y su follaje, independientemente de su estructura más o menos estética u ornamental.

La poda de los árboles urbanos también se hace en nuestro beneficio. Podemos distinguir los siguientes:

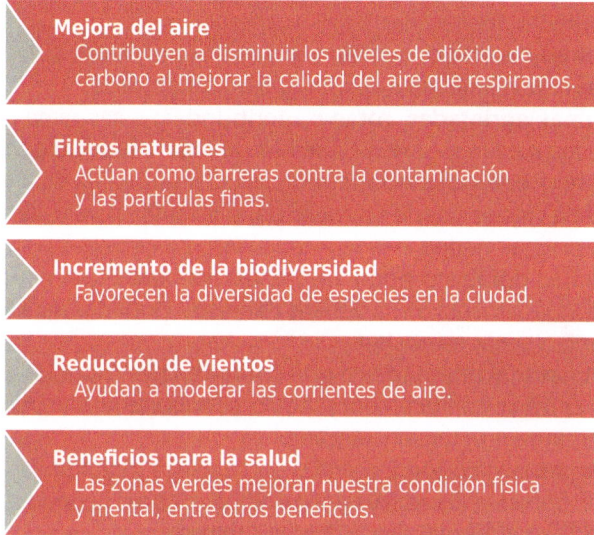

Mejora del aire
Contribuyen a disminuir los niveles de dióxido de carbono al mejorar la calidad del aire que respiramos.

Filtros naturales
Actúan como barreras contra la contaminación y las partículas finas.

Incremento de la biodiversidad
Favorecen la diversidad de especies en la ciudad.

Reducción de vientos
Ayudan a moderar las corrientes de aire.

Beneficios para la salud
Las zonas verdes mejoran nuestra condición física y mental, entre otros beneficios.

5.4. Tipos de poda generales en árboles frutales

Los frutales requieren de cuidados específicos para alcanzar su máximo potencial. Entre estas atenciones, la poda se erige como una herramienta fundamental para moldear su estructura, estimular su producción y garantizar su salud a largo plazo.

En este sentido, existen cuatro tipos principales de poda (en cuanto a su estructura se refiere), ya vistas en esta unidad, que se adaptan a las diferentes etapas de vida y a las necesidades del árbol:

Formación — Limpieza — Fructificación — Rejuvenecimiento

En cuanto al tipo de tipo de poda para arboles urbanos, destacamos los que indicamos a continuación.

Poda de limpieza

La poda de limpieza o saneamiento es una práctica que consiste en la eliminación selectiva de una o más de las siguientes partes en un árbol:

- **Ramas muertas:** aquellas que ya no tienen vida y que deben ser retiradas para mantener la salud y apariencia del árbol.
- **Ramas agrietadas, rotas o moribundas:** estas ramas pueden ser un riesgo para la seguridad. También afectan a la salud general del árbol.
- **Ramas enfermas no recuperables:** si una rama está gravemente enferma y no se puede salvar, se debe eliminar, para evitar la propagación de enfermedades.
- **Ramas débiles o poco vigorosas:** las ramas que no están creciendo adecuadamente o son débiles deben ser podadas para fomentar un crecimiento más saludable.
- **Ramas mal orientadas o que compiten por espacio:** si hay ramas que se cruzan o compiten por espacio, es importante eliminarlas para mantener una estructura equilibrada.
- **Ramas con codominancia o con corteza incluida:** las ramas que crecen demasiado cerca y tienen uniones débiles pueden ser peligrosas. La poda ayuda a prevenir problemas futuros.
- **Ramas que se cruzan o rozan:** las ramas que se entrecruzan o rozan entre sí pueden dañarse mutuamente. La poda elimina este conflicto.
- **Ramas débilmente unidas al tronco o a las ramas principales:** si una rama está mal unida al árbol, es necesario podarla para evitar futuros problemas.
- **Chupones sobrantes:** los chupones son brotes verticales que no producen fruto. Eliminarlos ayuda a mantener la energía del árbol enfocada en las partes productivas.
- **Retoños de raíz:** estos brotes que crecen desde las raíces deben ser eliminados para evitar que compitan con el árbol principal.

Poda de seguridad

La poda de seguridad consiste en la eliminación selectiva de ramas con los siguientes objetivos:

- **Evitar peligros evidentes:** se trata de identificar situaciones de riesgo visibles en el árbol y eliminar las ramas que puedan representar un peligro. Esto incluye ramas que podrían caer o causar daños.
- **Garantizar espacio libre:** se busca evitar que el ramaje afecte al paso de peatones, al tránsito de vehículos, a la señalización vial, a las edificaciones o a las instalaciones cercanas. La poda permite mantener un espacio seguro y despejado.

➲ **Opciones de corte:** en la poda de seguridad se puede optar por cortar completamente la rama que representa un problema o, en algunos casos, dejar un tirasavia de crecimiento más apropiado para mantener la salud y la estructura del árbol.

Poda de aclareo

La poda de aclareo consiste en la eliminación selectiva de ramas o partes de ramas con los siguientes objetivos:

➲ **Reducir la densidad y/o el peso de la copa:** al eliminar algunas ramas, se logra una copa menos densa y más ligera. Esto ayuda a mantener un equilibrio adecuado en la estructura del árbol.
➲ **Aumentar la penetración de la luz y el aire en el interior de la copa:** al podar, se permite que la luz y el aire lleguen a las partes internas del árbol. Esto favorece el crecimiento saludable y evita la acumulación excesiva de follaje.
➲ **Reducir la resistencia al viento:** al eliminar ramas innecesarias, el árbol ofrece menos resistencia al viento. Esto es especialmente importante para árboles ubicados en áreas ventosas.
➲ **Potenciar el desarrollo de brotaciones internas más equilibradas:** la poda de aclareo estimula el crecimiento de brotes internos de manera más uniforme. Esto contribuye a una estructura equilibrada y saludable.

Poda de formación

Los objetivos de esta poda se llevan a cabo dentro de la copa temporal de los árboles jóvenes y semiduros, generalmente para asegurar un tronco dominante y trabajar para conseguir una copa permanente estable y sostenible, a la vez que se proporciona suficiente espacio libre a medida que el árbol se desarrolla.

Teniendo en cuenta la tendencia de las ramas a inclinarse hacia abajo con el tiempo, es aconsejable aspirar a un tronco único de 3 m (peatones), teniendo en cuenta la ubicación y la especie de árbol en cuestión. El realzado de la copa debería realizarse en pasos sucesivos, manteniendo una proporción aceptable entre la copa y el tronco superior de 2:1 (copa: tronco). Se puede aplicar una excepción en el caso de árboles jóvenes, en los que la proporción puede empezar como 1:1.

Siempre es preferible dejar una mayor proporción de la copa.

Al podar, las siguientes ramas se consideran problemáticas en la copa temporal y deberían eliminarse (por orden de prioridad):

⮞ Ramas codominantes persistentes, que compiten con el líder dominante (dependiendo de la arquitectura específica de la especie arbórea, las ramas codominantes temporales pueden ser un fenómeno normal y transitorio).

⮞ Ramas gruesas (con una relación rama/tronco superior a 1:3) en la copa temporal.

⮞ Ramas rotas, muertas o moribundas.

⮞ Ramas colonizadas por plagas o enfermedades de los árboles.

⮞ Ramas con horquillas débiles (unión en forma de V) en desarrollo/desarrolladas.

⮞ Ramas que se rozan.

⮞ Brotes que crecen en el tronco de los árboles en buen estado fisiológico (en el caso de los árboles en mal estado fisiológico, pueden gestionarse si es necesario y no eliminarse).

⮞ Brotes que crecen por debajo del nivel de injerto, cuando proceda (solo cuando se hayan podado las ramas anteriores se debería dar prioridad al realzado de la copa).

Si las ramas presentan cuellos de inserción cercanos, deberían eliminarse de forma selectiva (no todas a la vez) y/o reducirse (a la espera de la eliminación total), respetando el puente cambial mínimo.

Esta poda de formación debería comenzar tan pronto como el árbol esté establecido, generalmente 3 años después de la plantación como máximo.

La poda de formación de los árboles jóvenes es periódica, la poda debería repetirse cada 2-3 años, en función del ritmo de crecimiento y los objetivos. Preferentemente durante el periodo de crecimiento, pero también es aceptable durante el periodo de latencia.

Poda estructural

Los objetivos de esta poda es la intervención en la estructura de la copa y la forma del árbol para establecerla y mantenerla estable (por ejemplo, eliminando o reduciendo las ramas con horquillas débiles en V).

No se permite la modificación de la altura del árbol ni el cambio sustancial de la forma de la copa.

Las razones para la poda estructural pueden ser:

- Para establecer un único tronco dominante.
- Para suprimir los brotes secundarios que han crecido demasiado.
- Para limitar el roce de las ramas cuando no formen un anclaje natural (anclaje natural: cuando dos o más ramas/troncos se conectan, se unen, se rozan, se fusionan o se entrelazan en la copa del árbol, lo que puede inhibir el movimiento en el punto donde la rama se une al tronco).
- Eliminación/reducción de las ramas inestables dañadas o en descomposición.
- Eliminación/reducción de las ramas colonizadas por plagas o enfermedades.
- Establecimiento de una buena distribución de las ramas.
- Gestión de la madera muerta.

Estándar europeo de poda de árboles (European Arboricultural Standards)

Podas de reducción de copa y poda de reestructuración

Podemos distinguir dos tipos: poda de reducción lateral de copa y poda de reducción apical de copa.

Poda reducción lateral de copa

Los objetivos de este tipo de poda son:

- Eliminar los conflictos de las ramas con las estructuras circundantes que no pueden retirarse (líneas eléctricas, fachadas de edificios o ventanas, etc.).
- Mejorar la estabilidad de los árboles (es decir, corregir la reducción de las copas demasiado pesadas en su parte superior, corregir las ramas desestabilizadas, etc.).
- Mantener el espacio libre para el tráfico.

Esta intervención tiene como objetivo la reducción de las partes laterales o inferiores de la copa. Una reducción lateral no interviene en la parte superior de la copa y no altera la altura del árbol.

Todos los cortes de poda deberían ser lo más pequeños posibles para lograr el resultado deseado.

Es necesario considerar un posible rebrote como una respuesta a la intervención. Por lo tanto, las reducciones laterales a menudo tendrán que repetirse periódicamente, para gestionar la futura respuesta del árbol.

Una elevación excesiva de la copa puede causar problemas de estabilidad del árbol, porque puede elevar el centro de gravedad.

Centro de gravedad
del árbol

Poda reducción apical de copa

Los objetivos de este tipo de poda son:

◐ **Reducir la parte superior apical de la copa:** este tipo de intervención de poda es menos común y siempre debería considerarse junto con la necesidad de estabilizar mecánicamente todo el árbol o de seguir la regresión (atrincheramiento) natural de la copa.

◐ **No hacer que los árboles sean más pequeños a largo plazo,** sino mantenerlos a una altura determinada mediante podas repetitivas.

Se trata de una intervención que a menudo afecta de forma irreversible a la arquitectura de la copa y a la fisiología de todo el árbol. Antes de considerar la reducción apical de la copa, es esencial considerar posibles alternativas para lograr la estabilización mecánica deseada.

El nuevo contorno de la parte superior de la copa debería respetar la forma original de la copa o del grupo de árboles, teniendo en cuenta la aerodinámica (por ejemplo, el abrigo de los árboles vecinos, la alteración de la dinámica de la copa, etc.).

La reducción apical de la copa siempre debería formar parte de un plan de gestión de árboles a largo plazo.

No es aconsejable combinar la reducción apical con la eliminación simultánea de las ramas de la parte inferior de la copa. El objetivo debería ser mantener la máxima área foliar posible.

El control periódico de forma establecida (recorte, trasmocho, cabeza de gato, brocada, etc.) consiste en un conjunto de intervenciones que alteran de forma irreversible la arquitectura natural de la copa del árbol.

Debe iniciarse cuando el árbol es joven y debe mantenerse durante el resto de su vida.

Poda de reestructuración

La poda de reestructuración se realiza en árboles que han visto afectadas sustancialmente sus funciones fisiológicas y mecánicas (por ejemplo, debido a la pérdida de una parte sustancial de la copa), ya sea por un daño natural (por ejemplo, fuertes vientos) o por una gestión inadecuada (por ejemplo, descopado, daños en las raíces).

Los árboles en los que se lleva a cabo la poda de reestructuración suelen pertenecer a las siguientes categorías:

- ⮑ **Mal gestionado:** árbol que ha sido dañado por intervenciones de gestión inadecuadas.
- ⮑ **Desatendido:** árbol que sufre una ausencia de cuidados necesario (causados por la desatención).
- ⮑ **Mutilado:** árbol que ha sido significativamente afectado por los daños causados por una tormenta.

Las técnicas de poda del estándar pueden no ser aplicables a estos árboles.

Si es posible convertir la copa del árbol en uno de los tipos estándar de cuidado a lo largo del tiempo se prefiere este enfoque. En caso contrario, se eligen soluciones rentables para garantizar la estabilidad del árbol y la mayor esperanza de vida posible, teniendo en cuenta los beneficios del árbol en el lugar.

Si los beneficios del árbol en el lugar no justifican el coste de su gestión, la solución óptima podría ser retirarlos con una compensación, mediante una nueva plantación adecuada.

Con la edad (etapa de desarrollo) disminuye la posibilidad de convertir los árboles mal gestionados/mutilados en uno de los tipos convencionales de gestión de árboles.

Los árboles mal gestionados o mutilados pueden albergar especies protegidas (mamíferos, aves, insectos, líquenes, etc.). La aparición de estas especies puede modificar los objetivos de la intervención de poda y los planes a largo plazo para el mantenimiento o la eliminación del árbol.

Cuando se deban reducir las copas surgidas tras la poda realizada (copa secundaria), deberían evitarse estas reducciones por debajo del nivel de corte o rotura anterior.

4,5 m

Poda de mantenimiento

El objetivo de esta poda es favorecer una estructura de copa sostenible, estable y permanente, lo más cercana posible a la forma natural del árbol con respecto a su entorno, lo cual garantiza una estabilidad adecuada y un nivel de riesgo aceptable.

A la hora de podar hay que tener en cuenta las siguientes ramas:

- Ramas colonizadas por plagas o enfermedades de los árboles.
- Ramas con horquillas (unión en forma de V) débiles desarrolladas u otros defectos mecánicos.

Cuando estas son de gran tamaño, a menudo es mejor reducirlas en lugar de eliminarlas.

- Se debería reducir el peso de las ramas demasiado pesadas en su parte distal.
- Se deberían dejar los brotes epicórmicos (aquellos que provienen de yemas durmientes) en la parte central de la copa, dependiendo de la especie de árbol, la vitalidad y el contexto de crecimiento.

La poda de estos árboles no suele realizarse a intervalos regulares, sino ocasionalmente.

En general, el ciclo de poda puede variar desde 1 año (por ejemplo, para la gestión de la madera muerta) a 5-10 años, en función de los objetivos y la evaluación de los riesgos.

La temporada ideal es el periodo de crecimiento, pero el periodo de latencia también es aceptable.

Se pueden utilizar los siguientes métodos de eliminación de ramas:

- Corte correcto de poda.
- Poda hasta una rama lateral.
- Cortes con tocón y cortes con desgarro (en casos excepcionales).

El área foliar eliminada no debería superar el 10 %.

En casos excepcionales (por ejemplo, ramas enfermas), puede ser necesario eliminar las ramas vivas de gran tamaño (diámetro superior a 10 cm). El método preferido para ello es la reducción, dejando un tocón grande (1-3 m).

En estos casos, el corte de acabado puede ser un corte con tocón o un corte con desgarro.

Hay errores que pueden resultar críticos para el árbol:

- Grandes heridas de poda (más de 10 cm de diámetro).
- Porcentaje de eliminación excesivo (eliminación de un gran volumen de área foliar).

➲ Cola de león (eliminación de todas las partes internas de la copa).
➲ Realzado excesivo de la copa.

No se realizará ninguna reducción apical como parte del mantenimiento de la copa.

La reducción lateral de la copa en los arboles maduros se justifica por la mejora de la estabilidad del árbol y la resolución de conflictos con las estructuras circundantes o el mantenimiento del espacio libre para el tráfico. Esta intervención tiene como objetivo la reducción de las partes laterales o inferiores de la copa permanente.

La reducción lateral no interviene en la parte superior de la copa y no altera la altura del árbol.

La opción de resolver el conflicto de forma permanente en los árboles maduros puede ser limitada, ya que la estructura principal de las ramas ya está completamente desarrollada.

El impacto fisiológico y estructural de la reducción lateral prevista debe sopesarse junto al valor del árbol y la importancia del conflicto.

La reducción apical de copa de árboles maduros solo debería utilizarse en circunstancias excepcionales y siempre debería estar motivada por la necesidad de estabilizar biomecánicamente el árbol. Es importante justificar la necesidad de una reducción apical, basándose en pruebas de la inestabilidad de todo el árbol.

El área foliar eliminada debería limitarse al nivel estimado (calculado) necesario para lograr la estabilización. Es aconsejable mantener el tamaño de las heridas por debajo de los 10 cm de diámetro si es posible.

La combinación de la reducción apical con un realzado simultáneo de la copa puede conducir a la pérdida masiva de área foliar, por lo que debería evitarse.

Existen otros tipos de poda:

Poda de aclareo
- Implica la eliminación de ramas o brotes excesivos y congestionados para mejorar la circulación de aire y la penetración de la luz.
- Esto ayuda a reducir la densidad de la planta y estimula el crecimiento de frutos más grandes y sanos.

Poda de pinzamientos
- Son los cortes de ramas tiernas que se efectúan, rebajando los brotes entre cinco y diez centímetros, con el fin de disminuir el volumen de la planta y provocar el desarrollo de nuevas ramas laterales, que aportarán densidad y opacidad al arbusto o árbol.

Poda en pulgar
- Consiste en una poda anual de todas las ramas dejando un pulgar con un determinado y limitado número de yemas laterales.

NOTA

Además de cada una de este tipo de poda, existen variantes según el tipo de frutal, especie o variedad.

TAREA 4

Víctor decide establecer un calendario de poda. Ya conoce los árboles y las variedades ornamentales que tiene en su finca. Quiere reducir la densidad y el peso de la copa eliminando algunas ramas. ¿Sabrías indicarle qué tipo de poda sería la más adecuada y por qué?

6. Calendario

☞ **HILO CONDUCTOR**

Víctor se ha dado cuenta de que hay muchas variantes en la tarea de poda en función de los objetivos y de los tipos de vegetales que se tengan, pero aún no es consciente de cuándo será el mejor momento para hacerlo. Supone que cada tipo de árbol requiere una época determinada, por lo que vuelve a informarse en un departamento de jardinería.

Para establecer un calendario de poda habría que tener en cuenta el **tipo de frutal** y su **variedad.** El calendario de poda de los árboles frutales es muy diferente que el de otro tipo de árboles, debido a que se basa en las épocas de floración y fructificación de cada uno.

Algunas de ellas se caracterizan por tener diferentes producciones frutícolas extratempranas, tempranas, semitardías y tardías, condicionadas por el estado de su fase vegetativa (yema de invierno, engorde de yemas, floración, cuajado, endurecimiento del hueso o pepita, engorde del fruto, maduración-recolección, poscosecha y latencia).

 **NOTA**

Estas fases vegetativas condicionan la fecha de las distintas podas.

Los frutales caducifolios tienen un ciclo de vida marcado por un periodo de dormancia o latencia durante el otoño y el invierno.

A medida que el otoño se acerca y las temperaturas descienden, los días se acortan y la luz solar disminuye. Durante este periodo se detiene el crecimiento visible de las estructuras de la planta, incluidas las yemas. Sin embargo, la actividad fisiológica no cesa por completo, sino que se ralentiza considerablemente.

Curiosamente, la salida de este letargo invernal no depende únicamente del paso del tiempo, sino también de la acumulación de una cantidad específica de horas frías. Estas horas frío (HF) se refieren al tiempo que la planta ha estado expuesta a temperaturas por debajo de 7 °C. La cantidad de horas frío requeridas para romper la dormancia varía según la especie y la variedad del árbol frutal.

Se trata de un mecanismo de defensa que ha desarrollado el árbol para evitar la brotación prematura durante el invierno. Si las yemas brotaran en condiciones climáticas adversas, como heladas tardías, los brotes jóvenes quedarían indefensos y podrían sufrir daños irreparables.

Especie	Mínimo horas frío <7°	Máximo
Almendro	100	500
Peral	500	1.500
Vid	100	1.400
Cerezo	500	1.500
Ciruelo	100	1.600

 **VÍDEO**

En el siguiente vídeo podrás ver cómo se realiza la poda en invierno de un árbol frutal. Accede desde aquí para verlo:

https://redirectoronline.com/agau016po0202

Si la acumulación de horas frío no se satisface, los frutales pueden presentar diversos desórdenes fisiológicos, que afectan a su crecimiento, floración y fructificación. Entre estos desórdenes se encuentran:

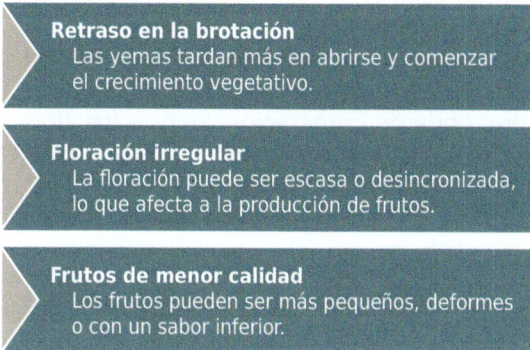

Retraso en la brotación
Las yemas tardan más en abrirse y comenzar el crecimiento vegetativo.

Floración irregular
La floración puede ser escasa o desincronizada, lo que afecta a la producción de frutos.

Frutos de menor calidad
Los frutos pueden ser más pequeños, deformes o con un sabor inferior.

NOTA

No todos los frutales experimentan la dormancia de la misma manera. Algunas especies, como los **naranjos,** son subtropicales y no requieren de horas frío para florecer. Al no tener un reposo invernal marcado, se dice que entran en **quiescencia,** una fase de crecimiento ralentizado. Sin embargo, estas especies sí son sensibles a las heladas, por lo que en regiones con inviernos fríos es necesario protegerlas con mantas térmicas u otras medidas.

Como orientación podríamos tener un calendario **por estaciones** para establecer las podas:

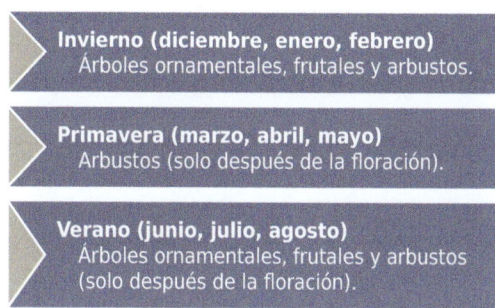

Invierno (diciembre, enero, febrero)
Árboles ornamentales, frutales y arbustos.

Primavera (marzo, abril, mayo)
Arbustos (solo después de la floración).

Verano (junio, julio, agosto)
Árboles ornamentales, frutales y arbustos (solo después de la floración).

Continúa en página siguiente >>

<< Viene de página anterior

> **Otoño (septiembre, octubre, noviembre)**
> Arbustos (solo para mantenimiento).

Los meses más adecuados para la realización de las diferentes podas son:

- **Octubre: poda de preparación.** Prepara los árboles para el invierno. Elimina las ramas débiles o enfermas. Esto los fortalecerá antes de la llegada de las bajas temperaturas.
- **Noviembre y diciembre: poda de mantenimiento:** realizar los últimos ajustes en la forma del árbol antes de que entre completamente en el estado de reposo invernal.
  Realizar los últimos ajustes en la forma del árbol antes de que entre completamente en el estado de reposo invernal.
- **Enero: poda de limpieza y formación.** Este es el momento ideal para realizar la poda de limpieza. Elimina las ramas muertas, enfermas o dañadas. También se puede dar forma al árbol, definiendo su estructura principal.
- **Febrero: continúa la poda de formación.** Asegura mantener una estructura abierta y elimina chupones.
- **Marzo: poda de mantenimiento.** Retira cualquier rama que se cruce o afecte la forma equilibrada del árbol. Presta atención a las yemas de flor, ya que este mes es crucial para el desarrollo de las flores y frutas.
- **Enero: poda de brotación temprana.** Algunos árboles, como los ciruelos, los almendros y las moreras, comienzan a sacar sus primeras hojas en esta época. Es el momento adecuado para la poda.
- **Febrero: poda de floración.** Este mes es ideal para la poda de los arbustos y las plantas trepadoras que florecen.
- **Marzo: poda en climas cálidos.** En climas cálidos, puedes podar las plantas de hoja perenne. En climas más fríos, es el momento de hacer lo que no se hizo en febrero.
- **Abril: evitar la poda.** Las plantas están en su máximo esplendor, por lo que no es recomendable podar en abril.
- **Mayo: poda de chupones.** Es el momento de podar los chupones, para evitar que se lleven los nutrientes necesarios para la fructificación del resto del árbol.
- **Junio: poda de crecimiento excesivo.** Puedes podar las plantas que hayan crecido demasiado durante este mes.
- **Julio y agosto: poda de formación de verano en frutales.** Esta época es beneficiosa para los ciruelos y los cerezos. Se realiza la poda de formación en estos árboles frutales.
- **Septiembre: poda de ramas enmarañadas.** Corta las ramas que han crecido en exceso y se enmarañan mucho en la planta.

● **Octubre, noviembre y diciembre: poda de mantenimiento.** Evita la poda en zonas frías. Es recomendable no podar en estos meses, ya que las heridas no cicatrizarán hasta la primavera.

 **APLICACIÓN PRÁCTICA**

Víctor ha pensado en la posibilidad de podar en formación unos frutales de una parte pequeña de la finca, para obtener una mayor producción futura de una variedad frutícola de hueso. ¿Cuál sería la mejor opción?

Solución

En julio. Esta época es beneficiosa para los ciruelos y los cerezos. Se realiza la poda de formación en estos árboles frutales

- -

Como pauta muy general, podremos seguir el siguiente calendario de poda:

Calendario de poda

Época	Labor de poda	Invierno		
		Diciembre	Enero	Febrero
Árboles frutales	Formación			
	Fructificación			
Árboles ornamentales	Formación			
	Pinzamientos			
	Mantenimientos			

Época	Labor de poda	Primavera		
		Marzo	Abril	Mayo
Árboles frutales	Formación			
	Fructificación			
Árboles ornamentales	Formación			
	Pinzamientos			
	Mantenimientos			

Continúa en página siguiente >>

<< Viene de página anterior

Calendario de poda

Época	Labor de poda	Verano		
		Junio	Julio	Agosto
Árboles frutales	Formación			
	Fructificación			
Árboles ornamentales	Formación			
	Pinzamientos			
	Mantenimientos			

Época	Labor de poda	Otoño		
		Septiembre	Octubre	Noviembre
Árboles frutales	Formación			
	Fructificación			
Árboles ornamentales	Formación			
	Pinzamientos			
	Mantenimientos			

Es recomendable conocer el **calendario de producción** de cada especie y variedad, y con ello establecer el calendario de poda.

A continuación, mostramos algunos ejemplos de poda en algunos frutales.

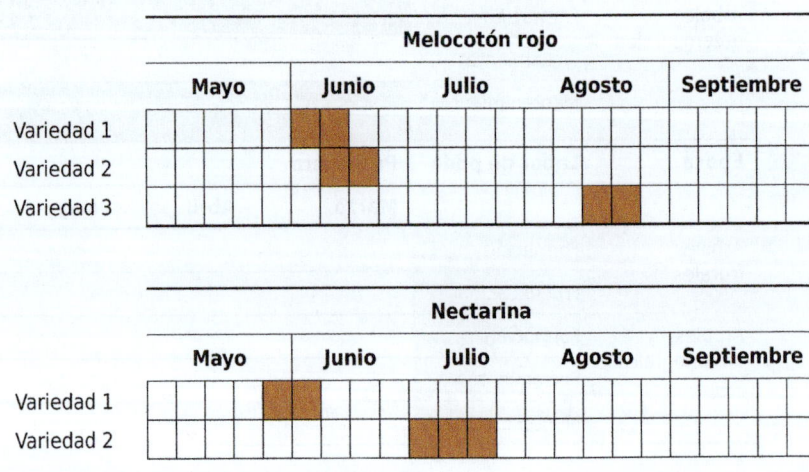

Continúa en página siguiente >>

<< Viene de página anterior

Nectarina

	Mayo	Junio	Julio	Agosto	Septiembre
Variedad 3	▓ (fin)				
Variedad 4		▓			

Uva

	Mayo	Junio	Julio	Agosto	Septiembre
Variedad 1			▓		
Variedad 2				▓	
Variedad 3				▓	▓
Variedad 4				▓	
Variedad 5				▓	

NOTA

La poda de verano o en verde está orientada a reducir el mayor grado de madera posible, innecesaria tras la recolección, lo cual facilita la futura poda de invierno (solo en las especies que la precisen).

La poda de invierno, de forma más rigurosa, se realiza dando preferencia a la madera capaz de producir fruta. Según la especie (por ejemplo, el albaricoquero y el ciruelo), la poda en verde puede ser suficiente, haciendo innecesaria la poda de invierno, pues necesita renovar menos madera que en el caso del melocotonero y el nectarino.

TAREA 1

Estamos en abril y Víctor quiere recolectar abundante fruta de los melocotoneros de su finca, pero desconoce cuál es la fecha de poda y el motivo por el cual se realiza. Ayúdale a elegir la opción más adecuada.

7. Sistemas de formación

☞ HILO CONDUCTOR

Puesto que los vegetales de su finca van a ser recién plantados, desde el departamento de jardinería donde se está formando Víctor le explican que hay tipos específicos de poda en función del tipo de vegetal.

La **poda de formación** es una actividad que demanda conocimientos técnicos y experiencia en el campo de la arboricultura. Es fundamental entender las particularidades del árbol, su especie y las condiciones ambientales para aplicar la técnica adecuada y lograr los resultados deseados.

En todos los frutales, pero en especial los frutales de hueso, se distinguen tres periodos en su vida útil:

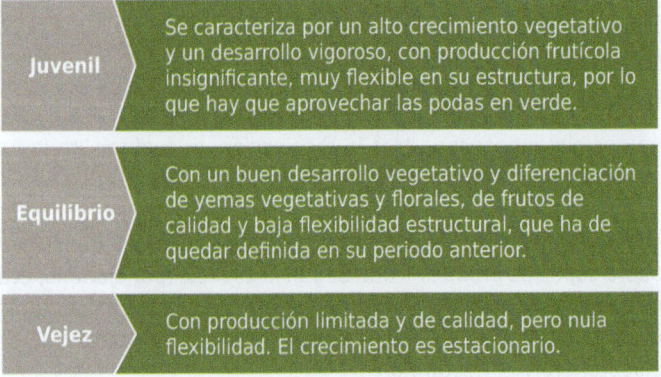

Juvenil
Se caracteriza por un alto crecimiento vegetativo y un desarrollo vigoroso, con producción frutícola insignificante, muy flexible en su estructura, por lo que hay que aprovechar las podas en verde.

Equilibrio
Con un buen desarrollo vegetativo y diferenciación de yemas vegetativas y florales, de frutos de calidad y baja flexibilidad estructural, que ha de quedar definida en su periodo anterior.

Vejez
Con producción limitada y de calidad, pero nula flexibilidad. El crecimiento es estacionario.

7.1. Tipos de poda de formación

La poda de formación en los árboles frutales se realiza en las plantas jóvenes con la finalidad de estimular el desarrollo de la copa y, a tal efecto, crear una estructura de ramas en cantidad, tamaño y ubicación proporcionada.

A continuación, te detallamos más extensamente en qué consiste cada una de ellas.

En espaldera o palmeta

Se forma un tronco central con dos ramas principales que se extienden hacia los lados, similar a los brazos de una palmeta. Esta técnica es especialmente útil con los árboles que se cultivan en espacios reducidos o contra las paredes. Se pueden dar varios tipos:

➲ **Palmeta regular.** En este sistema se distingue claramente la separación entre los pisos. Los brazos que portan los ramos productivos parten del mismo nivel y se extienden hacia ambos lados. Es una estructura ordenada y uniforme.

➲ **Palmeta irregular.** En cambio, en la palmeta irregular los brazos salen a diferentes niveles tanto a un lado como al otro. Esta técnica permite una mayor flexibilidad y adaptación a las condiciones específicas del árbol y el espacio disponible.

La elección entre palmeta regular e irregular dependerá de las necesidades específicas de cada cultivo y de las preferencias del podador.

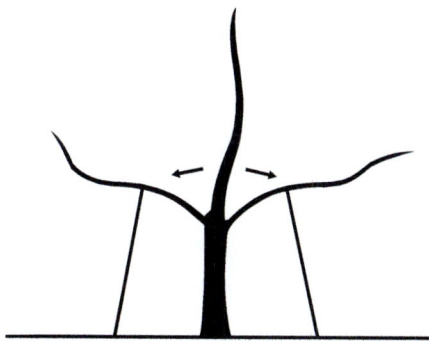

Para guiar los brazos en la formación de espalderas, se pueden usar diferentes métodos y estructuras:

1. Estructuras compuestas de postes y líneas de alambre por pisos
2. Tensores

En vaso

En esta técnica se crea un tronco central con 3 o 4 ramas principales, que se distribuyen en forma de vaso. Es una opción común con muchos árboles frutales y ornamentales.

En eje central (también conocida como poda en pirámide: regular e irregular)

En la poda en eje central se crea un tronco central, del cual parten ramas laterales a intervalos regulares. La versión regular sigue un patrón uniforme, mientras que la irregular permite una estructura más libre y natural.

En cordones (para espaldera de vid)

Esta técnica se utiliza específicamente en la espaldera para vid. Consiste en formar cordones horizontales con las ramas principales de la vid, facilitando el manejo y la cosecha de uvas.

En túnel

La formación del túnel comienza en el diseño de la plantación, cuando se elige un marco de plantación adecuado. Tras el despunte de los árboles para formar la cruz, se seleccionan cuatro futuros brazos, orientando dos a cada lado.

Inicialmente estos brazos se tienden como en un sistema en vaso, pero con la particularidad de que quedan abiertos en forma de V, dejando libre el centro de la línea de cultivo.

Corte selectivo

RECUERDA

A la hora de llevar a cabo la poda hay que tener en cuenta lo siguiente:

- Definir el objetivo y el tipo de poda que se va a emplear.
- Conocer el modo correcto de ejecutar la poda según la especie de frutal.
- Definir la época recomendada para realizarla.
- Emplear las herramientas adecuadas y prepararlas para su uso.

La elección entre estructuras más elaboradas o el uso de tensores depende de las necesidades específicas de la plantación y de las consideraciones económicas.

Colocación de tensores en vid

La **formación de pisos** se detiene cuando se alcanza una altura de trabajo aceptable en el cultivo. Esta altura dependerá del grado de mecanización.

Tercer piso

Segundo piso

Primer piso

Cultivo de frutales poda en palmeta/espaldera

Las ventajas y los inconvenientes del cultivo en espaldera son estos:

Ventajas ✓	Inconvenientes ✗
- **Excelente iluminación.** La estructura de espaldera permite una distribución uniforme de la luz solar en todo el árbol. Esto favorece la obtención de frutos de mayor calidad. En el diseño de la plantación, las líneas de cultivo se orientan de norte a sur para aprovechar tanto la luz del sol de levante como la del sol de poniente. - **Facilidad de mecanización.** La espaldera responde bien a la prepoda mecánica y facilita el uso de plataformas para tareas como la recolección, el aclareo y la poda. Al tener una sola cara de trabajo (sin volumen en la línea de cultivo), las labores son más eficientes.	- **Rendimiento productivo inferior.** Comparado con otros sistemas de formación, como el de vaso, la espaldera puede tener un rendimiento productivo menor. Para mitigar este problema, se recomienda reducir la anchura de las calles y utilizar marcos de plantación de alrededor de 3,5 x 3 m. - **Necesidad de aumentar la altura de los árboles.** Para incrementar la zona productiva dentro de la espaldera, es necesario aumentar la altura de los árboles. Sin embargo, esto puede dificultar las tareas de cultivo.

Formación en espaldera

Poda en vaso con secundarias

El **sistema de formación en vaso con secundarias** es ampliamente utilizado en las especies que lideran la producción regional de frutas de hueso.

Para implementar este sistema de formación, es necesario realizar el **despunte de los plantones** para fijar la altura de la cruz. Una vez que las brotaciones emergen y alcanzan cierto grado de lignificación, se comienzan a guiar los futuros brazos.

Por lo general, se guían entre **tres y cuatro ramos (futuros brazos),** distribuyéndolos de manera equidistante entre sí.

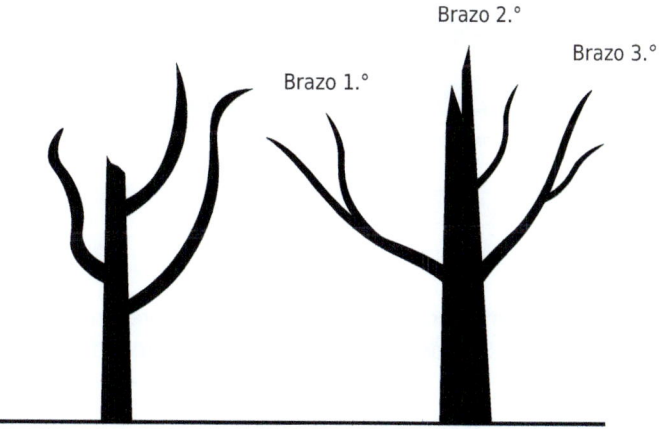

Formación del vaso

Una vez que los brazos han sido conducidos adecuadamente, se inicia la formación de las secundarias.

A pesar de su alta productividad, la formación de vaso con secundarias presenta algunos **inconvenientes:**

- **Poda compleja:** la formación de secundarias para cubrir los espacios entre los brazos es complicada y ralentiza el proceso de poda, lo que incrementa los costos laborales.
- **Podadores altamente cualificados:** para obtener buenos resultados, se necesita personal con experiencia y habilidades específicas en la poda de este sistema.
- **Dificultad en la mecanización:** la asimetría de las secundarias dificulta el uso de máquinas de prepoda mecánica o incluso el paso de maquinaria en el huerto.
- **Inhibición de brotes y calidad de la fruta:** el exceso de entramado de las secundarias entre los brazos reduce la entrada de luz al interior del árbol. Esto puede provocar una mayor inhibición de los brotes, especialmente en las zonas más bajas, y afectar la calidad de la fruta.

Situación asimétrica de ramas secundarias (círculos)

Variante de la poda en vaso. Vaso multibrazo

El sistema de formación **en vaso multibrazo** se presenta como una alternativa al vaso con secundarias, pero con la particularidad de carecer de ramas secundarias.

Las ventajas e inconveniente del vaso multibrazo son las siguientes:

Ventajas ✓	Inconvenientes ✗
- Sencillez en la poda: debido a su carácter rutinario, la poda en este sistema se centra en los brazos, renovando la madera para favorecer el desarrollo de los ramos productivos. - Adaptabilidad a podadores menos experimentados: este sistema puede ser manejado por podadores con menor cualificación profesional. - Altos rendimientos productivos.	- El vaso multibrazo aún presenta problemas de iluminación en comparación con otros sistemas, aunque la entrada de luz en la estructura del árbol es mejor que en el caso del vaso con secundarias.

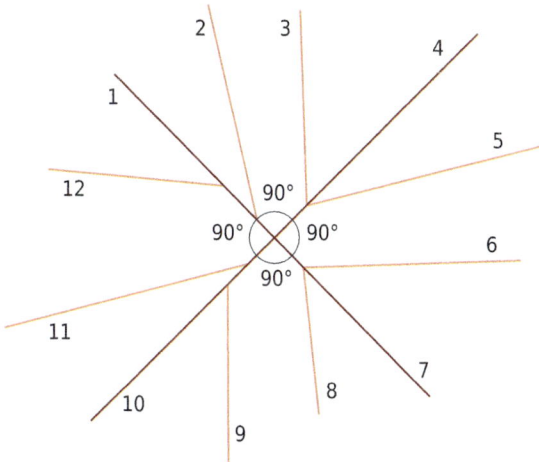

Vaso multibrazo con 4 brazos iniciales (granate) y 8 posteriores (naranja), con un total de 12 brazos

Vaso multibrazo

Variante de la poda en vaso. Vaso multibrazo tendido

El sistema de formación en vaso multibrazo tendido resuelve el problema de iluminación presente en los sistemas de vaso anteriores y, al mismo tiempo, optimiza el uso del espacio dentro del mismo marco de plantación, lo cual permite un crecimiento más rápido.

Este sistema se basa en los mismos principios que el vaso multibrazo, pero con una diferencia clave: los brazos tienden a crecer en horizontal a medida que se desarrollan.

Ejemplo de multibrazo

Estas son las ventajas y los inconvenientes del vaso multibrazo tendido:

Ventajas	Inconvenientes

- **Mejora de la iluminación**
  - Al tener la parte inferior abierta, característica de su estructura cilíndrica, este sistema mejora la entrada de luz en comparación con los sistemas de vaso anteriores.
- **Crecimiento vertical vigoroso**
  - La inflexión del tensor provoca un crecimiento vertical vigoroso en los brazos, lo que contribuye a una rápida formación de la estructura.
- **Sencillez en la poda**
  - En términos de poda, el vaso multibrazo tendido es similar al vaso multibrazo. Sin embargo, durante la fase de formación se recomienda la intervención de podadores profesionales.
- **Mayor rendimiento productivo**
  - En comparación con el vaso multibrazo, este sistema ofrece un rendimiento ligeramente más elevado.
	- **Costosa formación inicial**
	  - La creación de la estructura inicial requiere material y mano de obra, lo que puede aumentar los costos.
	- **Problemas de rajado en los brazos**
	  - Durante períodos de plena cosecha, especialmente en los primeros años, pueden surgir problemas de rajado en los brazos. No obstante, el uso de tensores entre los brazos suele mitigar este efecto.

Poda en eje central (poda en pirámide): regular e irregular

En la poda en eje central, se crea un tronco central, del cual parten ramas laterales a intervalos regulares. La versión regular sigue un patrón uniforme, mientras que la irregular permite una estructura más libre y natural.

La poda en eje central o pirámide es un método común utilizado en la formación de árboles frutales. Existen dos variedades dentro de este tipo de poda:

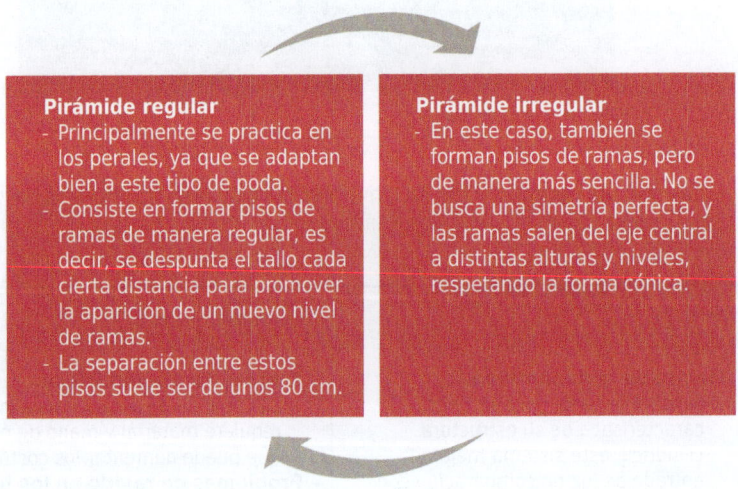

Pirámide regular
- Principalmente se practica en los perales, ya que se adaptan bien a este tipo de poda.
- Consiste en formar pisos de ramas de manera regular, es decir, se despunta el tallo cada cierta distancia para promover la aparición de un nuevo nivel de ramas.
- La separación entre estos pisos suele ser de unos 80 cm.

Pirámide irregular
- En este caso, también se forman pisos de ramas, pero de manera más sencilla. No se busca una simetría perfecta, y las ramas salen del eje central a distintas alturas y niveles, respetando la forma cónica.

Entre las ventajas se encuentra la sencillez en comparación con otros tipos de poda. Proporciona una buena iluminación, lo cual favorece la formación de frutos de calidad.

Como inconveniente tiene una menor producción en comparación con la forma en vaso.

La pirámide ofrece excelente iluminación al árbol, pero el exceso de frutos puede sufrir daños por golpe de sol.

Eje central

El **eje central** es una forma de poda que se ha vuelto popular en las explotaciones frutícolas comerciales. Es especialmente adecuada para árboles como el manzano, el peral, el melocotonero, el ciruelo y el nogal.

Poda en cordones (para espaldera de vid)

Esta técnica se utiliza específicamente en la espaldera para vid, casi no se utiliza en otros frutales. Consiste en formar cordones horizontales con las ramas principales de la vid, para facilitar el manejo y la cosecha de uvas. Hay cuatro tipos de cordones:

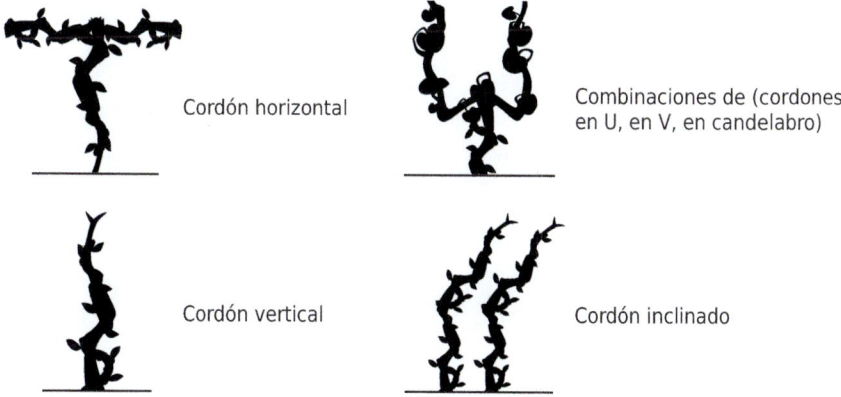

Cordón horizontal

Combinaciones de (cordones en U, en V, en candelabro)

Cordón vertical

Cordón inclinado

Poda de formación en túnel

El sistema de formación en túnel ha demostrado ser una alternativa exitosa a los diversos sistemas de formación existentes. Los mejores resultados se han obtenido en los cultivos de melocotonero, nectarino y ciruelo. El túnel marca una notable diferencia con otros sistemas.

La formación del túnel comienza en el diseño de la plantación, donde se elige un marco de plantación adecuado. Inicialmente, estos brazos se tienden como en un sistema en vaso, pero con la particularidad de que quedan abiertos en forma de V, dejando libre el centro de la línea de cultivo.

NOTA

Al crecer los árboles de ambos lados de la calle, el túnel queda completamente cubierto.

El túnel aumenta significativamente la iluminación, lo que lo hace especialmente adecuado para la producción de cosechas destinadas a mercados que demandan frutos con una coloración intensa. También facilita las labores de recolección y aclareo, ya que no se requieren elementos de elevación para los operarios, lo que simplifica las tareas de recolección y aclareo.

Plantación formada en túnel

Arqueado de los brazos y formación en V

Formación del túnel y brazos arqueados

8. Poda de fructificación

 HILO CONDUCTOR

Para que los frutales tengan buena producción, Víctor se da cuenta de que debe aplicar una poda específica. Se dispone ahora a conocer más sobre este asunto.

Una vez que el árbol ha alcanzado su forma definitiva, generalmente al tercer o cuarto año desde la plantación, se lleva a cabo una **poda anual de fructificación.** El objetivo principal es **obtener la mejor cosecha posible.**

La poda de fructificación en árboles adultos debe ser una continuación de las operaciones realizadas en las etapas iniciales.

IMPORTANTE

El objetivo es obtener una buena estructura del árbol, lograr una entrada inmediata en plena producción, prolongarla y mejorarla durante el mayor tiempo posible.

En la etapa de fructificación o mantenimiento, la poda busca principalmente la renovación de las ramas agotadas y la eliminación de las mal situadas.

Para lograr una poda de calidad, es importante seguir una estrategia de actuación consensuada entre el jefe del equipo de podadores y el encargado de la finca.

Poda en árbol frutal

SABÍAS QUE...

En el caso de los frutales de hueso, existe una diferencia crucial en comparación con los frutales de pepita: debemos asegurar el renuevo de las yemas de flor para evitar quedarnos sin frutos.

Identificación de órganos fructíferos

Para lograrla es fundamental identificar los órganos fructíferos y no fructíferos en los diferentes tipos de frutales y realizar los cortes adecuados en el momento oportuno. De esta manera evitamos que el árbol se agote antes de la maduración de los frutos.

Yemas productivas que darán flor y fruto

En los **frutales de pepita,** la poda de fructificación generalmente se realiza durante el invierno (poda seca).

Las diferencias clave entre los frutales de pepita y los de hueso en la poda de fructificación radica en la **inducción floral:** en los frutales de pepita, la inducción floral de las yemas no ocurre generalmente en los brotes, sino en la madera de dos o más años.

NOTA

La poda de fructificación en los frutales de pepita requiere considerar estas particularidades para lograr una buena producción y calidad de fruto.

Ejemplos de podas en algunas especies frutales

Como hemos contado anteriormente, en la poda de fructificación siempre habrá que tenerse en cuenta los elementos activos y la inducción floral.

Los siguientes son ejemplos de poda en algunas especies frutícolas.

Cerezos

La poda de producción debe realizarse después de la cosecha de la fruta y antes del otoño. Esto se debe a que los cerezos no cicatrizan bien, lo que puede provocar problemas de gomosis. Al realizar la poda, es importante prestar atención a los siguientes órganos:

- Ramos mixtos formados por yemas de madera y también por yemas de flor.
- Brindillas o chiflonas que tienen yemas de flor y una única yema de madera en el extremo.
- Ramilletes de mayo de menos de 5 cm, que tienen una yema de madera en el extremo rodeada de muchas yemas de flor. Estas ramas siempre desarrollan frutos de buena calidad.

Antes de cortar las ramas que han tenido cerezas, se debe elegir otra rama cercana como renuevo. Si no hay una rama cercana, se recomienda cortar dejando un tocón en la base para que se desarrolle nueva vegetación.

Flor de cerezo

Ciruelos

Encontramos ramos mixtos, brindillas y ramilletes de mayo. Las variedades europeas de ciruelo florecen sobre ramilletes de mayo que se desarrollan en ramas de madera con dos años. Por otro lado, las variedades japonesas de ciruelo tienen una floración mayor, ya que lo hacen sobre ramas de madera con un año de desarrollo, principalmente en ramos mixtos o brindillas, pero también en ramilletes de mayo.

Flor de ciruelo

Melocotoneros

Para mantener la productividad y asegurar que la fruta no se acumule solo en los extremos del árbol, es crucial renovar anualmente los órganos de fructificación como las ramas mixtas, las brindillas y los ramilletes de mayo.

La fruta se forma en la madera del año previo y solo una vez. Para una poda correcta de fructificación debemos:

- **Eliminar ramas internas,** para prevenir áreas sombreadas que impidan la maduración adecuada de la fruta.
- **Podar ramas mixtas,** cortando solo la sección de la rama mixta que ha dado fruto y dejando dos o tres yemas para garantizar el crecimiento de reemplazo.

Flor de melocotonero

Cítricos

Se persigue mantener la producción lo más alta posible y con alta calidad.

Los cítricos tienden a brotes nuevos muy vigorosos. Eliminar estas ramas o brotes facilita la nutrición e iluminación de las ramas que están a su alrededor. Ambos aspectos tienden a mejorar la producción de estas ramas vecinas.

Eliminación de chupones en cítricos

 RECUERDA

Algunos criterios que hay que tener en cuenta en la poda de fructificación:

- Manejo de la variedad: conocer el comportamiento de la variedad, su hábito de crecimiento y época de recolección. En caso de vecería, hay que aplicar las intensidades de poda adecuadas.
- Estado sanitario: considerar las condiciones nutricionales, las afecciones por clorosis y las defoliaciones, y evaluar los ataques de plagas y enfermedades.
- Condiciones climatológicas: tener en cuenta las bajas temperaturas, los fuertes vientos u otras condiciones climáticas.
- Cosecha: observar si la fruta se ha recolectado en el momento adecuado y si la cosecha ha sido escasa, normal o extraordinaria.

 TAREA 6

En su finca Víctor ha plantado vides. Tiene que pensar cuál es el tipo de poda y qué formación quiere para el futuro. ¿Podrías indicarle cuál sería el más acertado?

9. Máquinas y herramientas: manejo y mantenimiento

👉 HILO CONDUCTOR

Una vez que Víctor tiene toda la información al respecto, es el momento de comprar los materiales y los equipos necesarios para el desarrollo de la actividad. Víctor acude a un centro de ventas del sector para informarse de lo que necesita para iniciar correctamente su actividad.

La elección de las herramientas adecuadas es crucial, ya que la poda implica una intervención que, si no se realiza correctamente, puede causar daños significativos a las plantas, especialmente durante el otoño, lo cual aumenta el riesgo de infecciones por hongos.

Conocer las herramientas de poda disponibles y su función específica es esencial para realizar esta tarea de manera efectiva y segura.

9.1. Factores para la elección adecuada de las herramientas

Elegir las herramientas de poda adecuadas no se limita a simplemente escoger la más grande o la que mejor se ve. Para podar de forma eficiente y segura es crucial **considerar varios factores,** que determinarán la herramienta ideal para cada caso. Son los siguientes:

Tipo de hoja

- ➲ **Corte deslizante:** posee una hoja cortante y otra de apoyo. Ideal para cortes limpios en ramas verdes, ya que minimiza el daño a la planta.
- ➲ **De yunque:** su hoja con forma de yunque la hace perfecta para maderas duras, muertas o que ofrezcan mayor resistencia.

Tijera de yunque

Características de la planta

- **Especie:** algunas especies requieren podas específicas, debido a su crecimiento o a características particulares.
- **Edad:** las plantas jóvenes pueden requerir podas de formación, mientras que las adultas necesitan podas de mantenimiento o rejuvenecimiento.

Tipo de tallo o rama

- **Tijeras de podar manuales:** para ramas pequeñas y medianas (hasta 2,5 cm de diámetro). Existen de corte deslizante y de yunque.
- **Tijeras de podar a dos manos:** diseñadas para ramas gruesas (hasta 5 cm de diámetro), ofrecen mayor potencia de corte.

● **Tijeras de podar de pértiga:** permiten podar ramas altas sin necesidad de subirse a escaleras. Ideal para árboles y arbustos grandes.

● **Tijeras cortasetos:** diseñadas específicamente para dar forma a setos y arbustos. Tiene una hoja larga y recta que facilita el corte preciso.

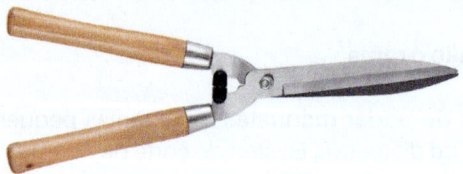

● **Navaja de podar:** se usa para cortar las ramas pequeñas.
● **Serrucho de mano de poda:** útil para cortar ramas gruesas o troncos.

Cortando un manzano con serrucho

- **Tajamatas:** dispone de una hoja con filo curvo capaz de cortar por roce. Además, puede alcanzar pequeñas ramas, arbustos o vegetación de altura media.

- **Serrucho de pértiga:** combina tijeras de podar con un mango extensible. Es ideal para alcanzar las ramas altas sin necesidad de usar escalera.
- **Arco de sierra:** con este marco se pueden cortar ramas muy grandes.

- **Hachas de mano:** es la herramienta de poda necesaria para **árboles con ramas de buena envergadura.** Estas ramas, que ya son auténtica madera, pueden ser difíciles de podar sin una herramienta adecuada.
- **Motosierras portátiles de corte:** se usan para cortar árboles, quitar ramas y cortar madera.

- ⮑ **Motosierra telescópica.** Se le conoce como motosierra con pértiga y es aquella que cuenta con un brazo extensible para alcanzar distintas alturas desde el suelo.

Altura de la planta

- ⮑ **Escalera:** indispensable para podar árboles o arbustos altos de forma segura.
- ⮑ **Plataforma elevadora:** en caso de podas profesionales, en árboles de gran altura.

Este tipo de trabajos en altura a menudo exigen utilizar plataformas para realizar el podado: **torres móviles, brazos articulados** de diferentes alturas tanto eléctricos como autónomos (con incorporaciones muy recientes 4×4).

Otro equipamiento

- ⮑ Cuñas para hendir
- ⮑ Cinturón portaherramientas y cinta métrica
- ⮑ Kit de emergencias
- ⮑ Kit de protección
- ⮑ Afilador

NOTA

Hay que tomar precauciones para los cortes, las reacciones alérgicas por la savia o el vuelo de alguna astilla.

- -

TAREA 7

Víctor decide podar los árboles jóvenes de poca altura y los árboles frutales muy viejos y vigorosos. Ayúdale a escoger las herramientas y el equipamiento que necesita.

- -

9.2. Mantenimiento

El mantenimiento adecuado de las herramientas de poda es esencial para garantizar un corte limpio y preciso, prolongar su vida útil y prevenir la propagación de enfermedades entre las plantas. Las herramientas bien cuidadas funcionan mejor y requieren menos esfuerzo por parte del jardinero. Además, son más seguras de usar y reducen el riesgo de lesiones.

Estas son las labores mínimas de mantenimiento para las herramientas:

Limpieza de las herramientas eléctricas
En el caso de las herramientas eléctricas, hay que desenchufarlas antes de limpiarlas. Si llevan batería, es importante quitársela antes de limpiarlas. El aceite de linaza puede usarse para evitar que se oxiden las herramientas. Tras limpiar una, hay que secarla con cuidado para que no haya óxido. Si se forma óxido con el tiempo, puedes quitarlo con un papel de lija fino.

Limpieza de las herramientas manuales de poda
Hay que limpiar a fondo las herramientas de poda para no transmitir bacterias u otras enfermedades de unas plantas a otras.

Afilado de las herramientas
Las herramientas de poda tienen que estar siempre afiladas. Si se quedan cubiertas de tierra o si intentas podar ramas muy gruesas, las herramientas pueden dejar de cortar. Cambia las sierras con regularidad y afila siempre las tijeras con una piedra de afilar o con una lima para hachas.

 IMPORTANTE

- **Afila tus herramientas regularmente,** pues un corte limpio cicatriza mejor y reduce el riesgo de enfermedades.
- **Desinfecta las herramientas** antes y después de cada uso para prevenir la transmisión de enfermedades entre plantas con un solvente.
- **Elige herramientas de calidad,** ya que una inversión en herramientas robustas y duraderas te ahorrará tiempo y esfuerzo a largo plazo.
- **Lubrica regularmente** para evitar que se oxiden, por ejemplo, con vaselina.

9.3. Maquinaria especial

En este grupo se incluyen las prepodadoras y las recortadoras, para plantaciones arbustivas y arbóreas, así como otros equipos complementarios (empalizadoras y deshojadoras para la viña).

Hay otros grupos de máquinas que se utilizan en cultivos leñosos, como los equipos para el picado de los restos de poda.

Los equipos para recortar y podar se pueden clasificar en función de los dispositivos que utilizan, o en función de la operación para la que han sido diseñados.

En función del sistema de corte pueden clasificarse en:

- Cuchillas rotativas que giran a gran velocidad (corte por impacto).
- Cuchillas rotativas y contracuchillas (corte por cizallamiento).
- Cuchillas en movimiento alternativo o lineal con contracuchilla fija (corte por cizallamiento).

Cuchillas rotativas

 ACTIVIDAD COMPLEMENTARIA

2. Busca información sobre cuáles son las nuevas especies que se han introducido en España, como los pistacheros y los aguacates, cuáles son sus principales podas y las herramientas que se utilizan para hacerlas.

10. Resumen

Esta unidad se ha centrado en las técnicas de poda, especialmente en el contexto de los árboles frutales. Comienza estableciendo un objetivo general, que es conocer las características de los sistemas de poda. Después detalla los objetivos específicos, como diferenciar los tipos de poda, interpretar la poda, identificar la morfología de crecimiento de copas y distinguir las herramientas de poda.

Se ha abordado la importancia de la poda en la salud y estética de los árboles, así como su relevancia en entornos urbanos y agrícolas. Se han expuesto los principios generales de la poda, como la determinación de propósitos, el momento adecuado para podar, el respeto por la forma natural de los árboles, la identificación de los tipos de poda y la selección de las herramientas adecuadas.

Además, se han analizado las funciones de la poda, tales como favorecer el crecimiento, mejorar la salud de la planta, crear formas estéticas, aumentar la producción de frutos y garantizar la seguridad. También se ha mencionado la controversia en torno a la poda excesiva y su impacto en la salud de los árboles.

La unidad ha incluido aspectos prácticos sobre la aplicación de la poda, la interpretación de sus efectos y la anatomía de los árboles, enfatizando la necesidad de comprender tanto la fisiología como la anatomía para realizar una poda efectiva.

Ejercicios de autoevaluación
Unidad de Aprendizaje 2

1. Para identificar el momento ideal de la poda hay que tener en cuenta:

    a. Fenología del árbol
    b. Condiciones climáticas
    c. Propósito de la poda
    d. Todas las opciones son correctas.

2. La poda se realiza principalmente para:

    a. Mejorar salud del árbol.
    b. Mantener la estética adecuada.
    c. Aumentar la producción de frutos.
    d. Todas las opciones son correctas.

3. La dominancia apical es:

    a. Dominio de una yema en el lateral de gran potencial reproductivo.
    b. Dominio de una yema en el ápice de gran potencial reproductivo.
    c. Dominio de una yema en el duramen de gran potencial reproductivo.
    d. Dominio de una yema en la médula de gran potencial reproductivo.

4. La ubicación de las yemas puede ser:

    a. Terminal
    b. Lateral
    c. Estipular
    d. Todas las opciones son correctas.

5. Determina si la siguiente oración es verdadera o falsa: "Las brindillas son ramas delgadas que miden 10-50 cm. Las yemas laterales son de madera y la terminal puede ser de madera (brindilla simple) o mixta (brindilla coronada)".

   ■ Verdadero
   ■ Falso

6. Los tipos de corte de poda básicos son:

   a. Adelgazantes
   b. Redondos
   c. En uve
   d. Con motosierras

7. Los tipos de poda en frutales son:

   a. Formación
   b. Limpieza
   c. Fructificación
   d. Todas las opciones son correctas.

8. La poda de rejuvenecimiento se realiza en:

   a. Árboles jóvenes.
   b. Durante el verano.
   c. Árboles adultos.
   d. Todas las opciones son incorrectas.

9. Determina si la siguiente oración es verdadera o falsa: "El recepado implica cortar a ras del suelo. Solo el olivo responde a esta poda tan drástica, ya que surgen muchos chupones y se procede a una nueva formación".

   ■ Verdadero
   ■ Falso

10. Los siguientes elementos de equipamiento son fundamentales:

    a. Guantes
    b. Gafas
    c. Afilador
    d. Todas las opciones son correctas.

Prevención de riesgos en la técnica de la poda

Contenido

→ Comprender la necesidad de que los profesionales del sector tengan en cuenta los posibles riesgos y sus formas de prevención.

→ Distinguir los derechos y obligaciones de trabajadores y contratantes en materia de prevención.

→ Conocer el manejo correcto de las diferentes máquinas y herramientas utilizadas en tareas de poda, así como sus riesgos y medidas de prevención.

Objetivos

El objetivo general de esta Unidad de Aprendizaje es:

→ Distinguir los principales riesgos laborales de las actividades relacionadas con la técnica de poda, así como su prevención.

Los objetivos específicos de esta Unidad de Aprendizaje son:

→ Conocer los principios normativos de los riesgos laborales.

→ Utilizar los equipos de protección adecuadamente en función del tipo de tarea, herramienta y/o maquinaria utilizada.

→ Diferenciar los riesgos generales existentes en algunas de las tareas que conlleva la actividad de poda.

→ Conocer qué elementos se pueden considerar EPI en función de las condiciones.

1. Introducción

En esta unidad analizaremos las cuestiones relativas a la prevención de riesgos laborales aplicada a las tareas y actividades de poda.

Como cualquier actividad profesional, la poda conlleva una serie de riesgos asociados, que tenemos la obligación de conocer, evaluar y prevenir para que la seguridad y la salud de los trabajadores no se vea comprometida.

La actividad preventiva es aquella destinada a conocer los diferentes ámbitos de la prevención y la normativa en la que se sustenta, así como los derechos y obligaciones que quienes realizan estas tareas tienen.

Es fundamental saber utilizar cada utensilio empleado para llevar a cabo las diferentes técnicas de poda, para poder conocer sus riesgos y sus medidas de prevención tanto en el manejo como en los elementos de protección necesarios en cada caso.

En esta unidad nos seguiremos centrando en el caso de Víctor, quien en el desarrollo de su actividad empresarial y profesional debe conocer e implementar las cuestiones relativas a los riesgos de ella.

2. Riesgos generales más frecuentes y su prevención

👉 HILO CONDUCTOR

Víctor es consciente de que todos los trabajos implican una serie de riesgos derivados de la propia actividad, por lo que acude a un centro de información para conocer más acerca de ellos y poder trabajar en su finca con seguridad. Además, quiere informarse correctamente de la normativa vigente para poder actuar de forma correcta en caso de tener que contratar a más gente si la explotación crece.

- -

Como en todos los trabajos y las profesiones, existen una serie de riesgos y peligros asociados a esta actividad.

Desde la publicación en 1995 de la Ley de Prevención de Riesgos Laborales y los posteriores reales decretos que desarrollan aspectos de la normativa, se han establecido los diferentes aspectos que lo regulan, las áreas de estudio y prevención, los derechos y obligaciones de empresas y trabajadores contratados, etc.

Sin perjuicio de tener medidas específicas en ciertos sectores laborales o compañías mediante convenios colectivos en aras de dar una mayor protección, esta es la normativa de referencia en la prevención de riesgos laborales.

La ley, los reales decretos y los reglamentos que desarrollan la normativa anterior marcan las llamadas **disposiciones mínimas de seguridad y salud,** es decir, las características básicas que deben tener las condiciones de trabajo para que los posibles daños a quienes los desempeñan sean eliminados o reducidos a su mínima expresión.

Esta normativa se aplica a todas las relaciones laborales que puedan existir en el trabajo por cuenta ajena. Se entiende que, en los trabajos por cuenta propia, si bien es absolutamente recomendable que se planteen y se sigan disposiciones técnicamente iguales, es el mismo trabajador quien debe proporcionárselas a sí mismo.

 SABÍAS QUE...

La Constitución española ya establece premisas para salvaguardar la integridad y la salud de los trabajadores, en los artículos 40.2 ("velar por la seguridad e higiene en el trabajo") y 15 ("derecho fundamental a la vida y a la integridad física y moral").

Otras normas importantes en materia de prevención son los siguientes reales decretos, que van a ser de importante aplicación en las actividades relacionadas con la poda:

- Real Decreto 39/1997, de 17 de enero, por el que se aprueba el reglamento de los servicios de prevención.
- Real Decreto 485/1997, de 14 de abril, sobre disposiciones mínimas en materia de señalización de seguridad y salud en el trabajo.
- Real Decreto 486/1997, de 14 de abril, por el que se establecen las disposiciones mínimas de seguridad y salud en los lugares de trabajo.

➲ Real Decreto 487/1997, de 14 de abril, sobre disposiciones mínimas de seguridad y salud relativas a la manipulación manual de cargas que entrañe riesgos, en particular dorso lumbares, para los trabajadores.
➲ Real Decreto 773/1997, de 30 de mayo, sobre disposiciones mínimas de seguridad y salud relativas a la utilización por los trabajadores de equipos de protección individual.

Según las diferentes normativas, podemos hacer las siguientes definiciones:

Riesgo laboral
- Posibilidad de que un trabajador sufra un determinado daño en un trabajo.
- Para estimar estos riesgos y proponer medidas de corrección o atenuación a ellos, desde la normativa establecida se plantean unas disciplinas técnicas englobadas en la prevención.

Factor de riesgo
- La situación necesaria para que se produzcan daños.
- El riesgo no se activa por sí solo.
- En la mayoría de los casos los riesgos y su activación dependen de varios factores.
- Cuando estos hechos confluyen y se dan, el daño ocurre.

Prevención del riesgo
- Conjunto de actividades o medidas adoptadas o previstas en todas las fases de actividad con el fin de evitar o disminuir los riesgos derivados del trabajo.

Dado que es necesaria una determinación de los factores de riesgo para conocer los riesgos existentes en cualquier actividad y así poder evaluarlos y prevenirlos adoptando las medidas necesarias como marca la normativa, se consideran los siguientes factores de riesgo:

➲ **Condiciones estructurales:** instalaciones, lugares de trabajo, etc.
➲ **Maquinaria, equipos y herramientas:** cortes, atrapamientos, quemaduras, exposición a electricidad, etc.
➲ **Medio ambiente físico:** condiciones termohigrométricas, ruidos, iluminación, etc.
➲ **Contaminantes químicos/biológicos:** los empleados en procesos productivos, desinfecciones y limpieza, trabajo en exteriores, etc.
➲ **Procedimientos y protocolos:** desarrollo del trabajo, equipos, existencia de emergencias, etc.
➲ **Carga de trabajo:** física, mental, fatigas posturales, etc.

⊃ **Organización en el trabajo:** horarios, roles, funciones, turnos (en caso de haberlos), etc.

Las especialidades preventivas que estudian los factores de riesgo son las siguientes:

⊃ **Seguridad en el trabajo:** la misión principal en este caso es prevenir accidentes. Estudia todos los factores relacionados con la seguridad estructural, el uso de protecciones, etc.
⊃ **Higiene industrial:** contaminantes físicos, químicos o biológicos que pueden aparecer en el desarrollo de la actividad. Son causantes de enfermedades profesionales con toxicidades crónicas en muchas ocasiones (por ejemplo, la silicosis).
⊃ **Ergonomía y psicosociología aplicada:** adaptar el trabajo a la persona. Se ocupa de que los equipos, herramientas, maquinarias, horarios, turnos, relaciones en el trabajo, clima laboral, etc., sean lo menos lesivas para el trabajador posible.
⊃ **Medicina preventiva o salud ocupacional:** se realiza para prevenir posibles riesgos asociados al desarrollo de las actividades laborales durante el trabajo de la poda.
⊃ **Vigilancia de la salud:** se basa en los reconocimientos médicos, a partir de los cuales se determina la aptitud de un trabajador para el desempeño de la actividad laboral. Debe ser realizada por profesionales sanitarios con especializaciones en salud laboral. Los resultados siempre son confidenciales.

2.1. Daños derivados del trabajo

Dentro de la prevención de riesgos laborales, se asume que todas las actividades pueden suponer un riesgo de diferente tipología y consideración de tener algún tipo de percance o lesión. En este sentido se diferencian los posibles daños derivados del trabajo en:

⊃ **Enfermedades profesionales:** son los daños derivados del trabajo producidos de forma crónica, generalmente por algún agente nocivo, que repercuten en la calidad de vida del trabajador a medio y largo plazo. Estas enfermedades están recogidas y especificadas en el Cuadro de Enfermedades Profesionales.
⊃ **Accidentes de trabajo:** todo suceso anormal, no querido ni deseado, que se presenta de forma brusca e inesperada, y que interrumpe la normal continuidad del trabajo, por causar lesiones a uno o varios trabajadores de diversa gravedad. A su vez incluye las siguientes consideraciones:

- *In itinere* (al ir o volver al trabajo).
- En actos de salvamento de compañeros.
- Derivados del cumplimiento de acciones de representación.
- Deformaciones o defectos derivados de un accidente laboral anterior.

⮕ **Efectos dañinos del trabajo:** aquí se incluye otro tipo de efectos que pueden ser causados por la actividad laboral, pero que ni se consideran accidentes ni están inscritos en el Cuadro de Enfermedades Profesionales:

- Enfermedades no incluidas en EP, pero que se derivan de unas condiciones específicas del trabajo.
- Estados de fatiga física y/o mental.
- Insatisfacción laboral.
- Salud mental como consecuencia del trabajo.

NOTA

Los llamados incidentes o accidentes blancos son sucesos que, pudiendo catalogarse como accidentes, no causan lesión directa en las personas trabajadores. Aun así, siempre deben estudiarse y registrarse, porque el factor de riesgo y la circunstancia de que lo desencadenó existen y deben corregirse.

2.2. Riesgos derivados de las condiciones de seguridad

Podemos decir que son los riesgos de la actividad en sí misma que pueden desencadenar accidentes de diferente tipo y consideración.

Se producen, de forma general, respecto a los siguientes factores del trabajo:

⮕ Lugares de trabajo.
⮕ Maquinaria y herramientas utilizadas.
⮕ Sistemas eléctricos, su funcionamiento y las medidas que emplear para evitar los accidentes.
⮕ Incendios, medidas de prevención y protección, así como las actuaciones de evacuación y demás consideraciones.
⮕ Tareas de almacenamiento.
⮕ Tareas de manipulación y transporte, tanto con elementos mecánicos como de forma manual.
⮕ Derivados de las condiciones de señalización.

Lugares de trabajo

Podemos considerar que el centro de trabajo es el lugar en el que se desarrollan las tareas propias de la actividad de poda. En estas circunstancias, ello supone que el centro de trabajo sea el jardín, el huerto, el entorno forestal, etc., en el que se encuentre la persona y, además, el desplazamiento hasta allí.

Por ello, también el transporte hasta allí se incluye como posible fuente de riesgo.

Los trabajos de poda y jardinería implican comúnmente la necesidad de trasladarse desde el depósito de la empresa hasta el jardín, llevando consigo las herramientas, los equipos y los productos necesarios para llevar a cabo las labores. En la mayoría de los casos, esto implica viajar en un vehículo (un automóvil, una camioneta o un camión), transportando los elementos mencionados sin una separación física clara entre los ocupantes del vehículo y la carga transportada. Además, en ocasiones, el jardín puede estar ubicado en áreas de difícil acceso, con caminos no pavimentados, lo que aumenta el riesgo de vuelcos o golpes debidos al mal estado del terreno.

Una vez en el lugar de trabajo, puede que no sea posible llegar hasta el punto exacto con el vehículo, lo que requiere estacionarlo y completar el último tramo a pie, repitiendo este proceso si es necesario llevar herramientas, equipos o productos adicionales.

Riesgos

Los riesgos derivados del traslado al lugar de trabajo son:

- Colisiones entre vehículos durante los traslados.
- Golpes con la carga transportada de la maquinaria y herramientas utilizadas.
- Atropellos.
- Caídas.

A continuación, te mostramos cuáles son las medidas destinadas a reducir estos riesgos:

Manejo del vehículo	Seguir las normas de circulación y extremar las precauciones como la velocidad, puesto que el vehículo va más cargado y sus reacciones son diferentes.

Continúa en página siguiente >>

<< *Viene de página anterior*

Carga	Asegurar la carga en el interior mediante amarres u otras medidas apropiadas. Colocar la maquinaria y las herramientas en su lugar apropiado para evitar desplazamientos de estas.
Desplazamiento	Realizar los desplazamientos a pie mediante trayectos lo más corto posible para evitar cargar con mucho peso, especialmente en condiciones climatológicas adversas (temperatura/precipitaciones) y en función del terreno (especialmente en trabajos de silvicultura con terrenos generalmente muy irregulares).

Maquinaria, equipos

La maquinaria y los equipos utilizados son factores de riesgo importantes que pueden ocasionar accidentes en ocasiones muy graves. En esta actividad, como veremos en el siguiente apartado, se utilizan diferentes equipos para trabajar. Utilizarlos correctamente hará que las posibilidades de sufrir algún daño disminuyan.

Algunos de los accidentes más comunes son:

- ⮞ Mecánicos (atrapamientos, aplastamientos, etc.).
- ⮞ Contactos eléctricos.
- ⮞ Contactos térmicos (quemaduras).
- ⮞ Ruido y vibraciones, muy presentes con equipos mecánicos.
- ⮞ Efectos de la fatiga y de esfuerzos posturales, también de efectos repetitivos.

Herramientas

Se utilizan varias herramientas en esta actividad. Entendemos por herramienta el utensilio manual para poder realizarla, como las tijeras, los serruchos, los cuchillos, etc.

En este caso, cada trabajador es responsable del uso adecuado y del mantenimiento de las herramientas, lo que esto disminuirá las posibilidades de accidente.

Estos accidentes generalmente no son graves, aunque pueden llegar a serlo en circunstancias más desafortunadas.

Las acciones que tener en cuenta respecto a las herramientas y los utensilios:

⇨ Almacenarlas correctamente.
⇨ Limpiarlas y revisarlas.
⇨ Elegir las adecuadas a la tarea.
⇨ Tener herramientas de buena calidad.
⇨ Acompañarse del equipo de protección correspondiente.

 **NOTA**

Los principales riesgos derivados de este aspecto son los cortes y los pinchazos por el uso de las herramientas.

Sistemas eléctricos

En todas las tareas en las que se necesite algún equipo eléctrico, siempre existe este riesgo. Generalmente se da por contacto, bien sea **directo** (con un cable pelado, por ejemplo) o **indirecto** (tocando algún elemento que esté electrificado).

En la actividad de poda, esto puede ocurrir principalmente por el contacto con redes de cables cuando se podan árboles cercanos.

Para evitarlo, antes de la realización de los trabajos hay que observar si existen líneas de tensión eléctrica en áreas cercanas. En el caso de que así sea, es conveniente su desconexión puntual.

Incendios

Es un peligro siempre presente, especialmente en tareas de poda en espacios forestales. Algunos de los equipos funcionan con gasolina y se usan otras sustancias inflamables como aceites.

Para ello hay que tener siempre en cuenta las siguientes cuestiones respecto a los fuegos que, de una pequeña magnitud, pueden acabar ocasionando incendios más importantes.

Para que se inicie un fuego deben darse estas circunstancias y llegar al punto de ignición, es decir, debe haber un combustible (gasolina), un comburente (oxígeno) y energía de activación (calor).

Como prevención, por tanto, hay que evitar que estas circunstancias se den.

Tetraedro del fuego

 **TAREA 8**

En ocasiones, es necesario el desplazamiento en vehículo dentro de la finca, tanto para tareas de poda y cuidado de los vegetales como en la recolección de la producción. Víctor quiere tener organizado todo y necesita saber los riesgos que tiene esta tarea y sus posibles soluciones.

Las acciones que principalmente intervienen en la prevención de los incendios son las siguientes:

- **Orden y limpieza:** mantener ordenados y recogidos los equipos y el combustible, para prevenir que se derrame gasolina.
- **Almacenamiento:** distribución correcta y evitar que las fuentes de calor contacten con productos inflamables como, por ejemplo, no dejar gasolina al sol y utilizar los recipientes adecuados.

- **Climatización y ventilación:** cuando se recogen los utensilios, mantener en lugar ventilado y que no aumente la temperatura.
- **Señalización y prohibiciones:** de personal autorizado. Delimitación de zonas y prohibición de ciertas actividades, como fumar.

Tareas de almacenamiento, manipulación y transporte

En este tipo de tareas, nos centramos en lo relacionado con la manipulación manual de las cargas, ya que no es tan frecuente el uso de medios mecánicos. Son daños que, aunque quizá no tan graves, sí son muy comunes. Además, están los daños y las fatigas por esfuerzos mal hechos de forma repetitiva que derivan en efectos peores.

Las consideraciones generales, además del uso de medios auxiliares siempre que sea posible, son:

- Seguir las indicaciones que aparezcan en el embalaje acerca de los posibles riesgos de la carga, como pueden ser un centro de gravedad inestable, materiales corrosivos, etc.
- Si no aparecen indicaciones en el embalaje, observar bien la carga, prestando especial atención a su forma y tamaño, posible peso, zonas de agarre, posibles puntos peligrosos, etc.
- Solicitar ayuda de otras personas si el peso de la carga es excesivo o si se deben adoptar posturas incómodas durante el levantamiento.
- Tener prevista la ruta de transporte y el punto de destino final del levantamiento, y retirar los materiales que entorpezcan el paso.

Ejemplo de procedimiento de manipulación manual de cargas

Riesgos derivados de las condiciones de señalización

Las señales pueden ser de varios tipos: un color, una señal luminosa, una señal acústica, una comunicación verbal, una señal gestual.

En las señales de panel, las formas y colores utilizados indican diferentes informaciones y categorías de riesgo:

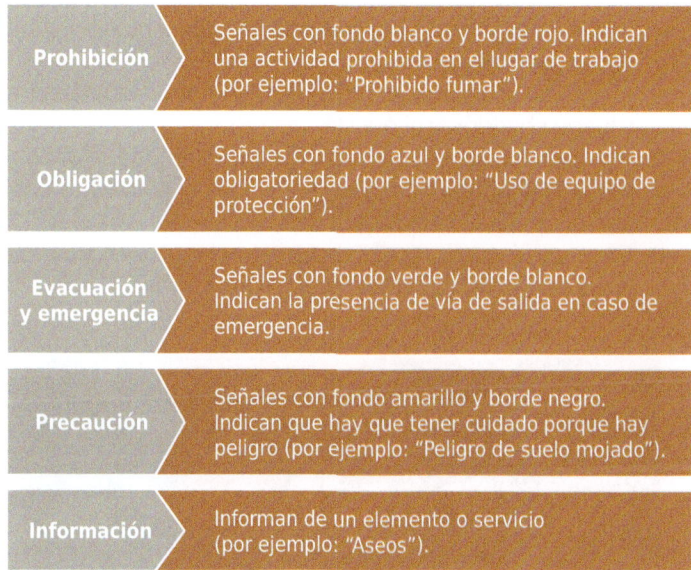

Prohibición	Señales con fondo blanco y borde rojo. Indican una actividad prohibida en el lugar de trabajo (por ejemplo: "Prohibido fumar").
Obligación	Señales con fondo azul y borde blanco. Indican obligatoriedad (por ejemplo: "Uso de equipo de protección").
Evacuación y emergencia	Señales con fondo verde y borde blanco. Indican la presencia de vía de salida en caso de emergencia.
Precaución	Señales con fondo amarillo y borde negro. Indican que hay que tener cuidado porque hay peligro (por ejemplo: "Peligro de suelo mojado").
Información	Informan de un elemento o servicio (por ejemplo: "Aseos").

Riesgos específicos de las tareas de poda

Existen tareas que se realizan en altura. Para ello, se requiere el uso de herramientas telescópicas o la realización de trabajos en altura, bien sea utilizando plataformas elevadoras móviles o equipos similares, escaleras, o bien realizando trabajos en suspensión con la ayuda de cuerdas, cuando la orografía no hace viable el uso de otros equipos. Todo ello va a generar los siguientes riesgos, que no existen en las tareas que se realizan a nivel del suelo:

➲ **Riesgos:**

  ۝ Caídas desde las plataformas elevadoras, escaleras o en el uso de cuerdas.
  ۝ Cortes y pinchazos con las herramientas utilizadas.

- Impactos de ramas que caen una vez han sido cortadas.
- Contactos con líneas eléctricas aéreas en tensión que pudieran estar en proximidad.

⊃ Medidas:

- Usar siempre los equipos de protección necesarios para evitar las caídas en altura.
- Acceder primero a las zonas y luego coger las herramientas utilizando la ayuda de otra persona y/o elementos para su elevación, como cuerdas y poleas.
- Al finalizar el trabajo, retirar primero las herramientas de forma segura y luego abandonar el puesto.
- Nunca dejar ramas cortadas en altura, sino que se debe desprender completamente para evitar que caigan y golpeen a trabajadores o personas ajenas al finalizar el trabajo.
- Observar si existen líneas de tensión eléctrica en áreas cercanas antes del trabajo y tomar las medidas apropiadas.

Poda en altura con plataforma elevadora

Riesgos derivados de las condiciones ambientales

Son los relacionados con el lugar en el que se desarrolle la tarea. En el caso de la poda, esta se realiza en exteriores, por lo que van a estar relacionados con los trabajos a la intemperie y las condiciones atmosféricas que se den.

Podemos dividir este tipo de riesgo en los siguientes:

Físicos	Derivados de algún elemento físico del medio. Pueden ser mecánicas (ruido y vibraciones); térmicas (condiciones de temperatura por trabajo a la intemperie) o electromagnéticas (radiaciones). Tanto el ruido como las vibraciones debido al empleo de determinada maquinaria, por un lado, y los efectos de la temperatura (frío o calor) debido al trabajo en intemperie por otro, son los factores de riesgo más importantes.
Químicos	Derivados de compuestos químicos que se puedan utilizar. En el caso de la poda, con los posibles aceites o líquidos usados en las maquinarias o derivados de los fitosanitarios que tengan **las plantas.**
Biológicos	Cualquier ser vivo que pueda tener efectos infecciosos o de otro tipo en el trabajo. Desde cortes, arañazos o pinchazos con las plantas a picaduras de insectos o acciones de otros animales. Infecciones por contactos con hongos o bacterias que existan en el medio natural.

Para los riesgos ocasionados por contaminantes, bien sean físicos, químicos o biológicos, las medidas de prevención siempre siguen una secuencia, que trata de minimizar al máximo posible el efecto negativo que provocan. Esta es la siguiente:

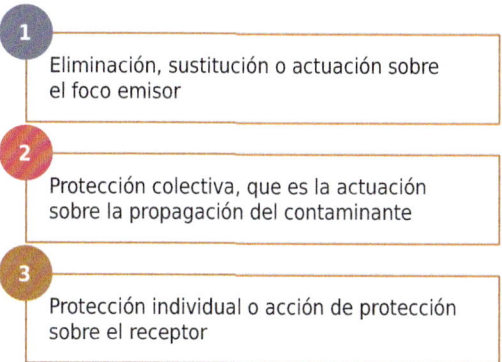

1 Eliminación, sustitución o actuación sobre el foco emisor

2 Protección colectiva, que es la actuación sobre la propagación del contaminante

3 Protección individual o acción de protección sobre el receptor

Riesgos derivados de las condiciones de carga de trabajo y relaciones laborales

Estos son los derivados de las condiciones ergonómicas del puesto de trabajo, es decir, de la capacidad de los equipos, maquinaria o herramientas que faciliten las tareas.

Además, incluimos aquí las relaciones laborales entre los trabajadores con las compañías y los efectos que el desarrollo del trabajo causa en la vida social y personal.

Los riesgos asociados son:

- Carga física y mental
- Fatiga postural
- Estrés
- Fatiga mental
- Insatisfacción laboral
- Problemas de relación
- Desmotivación laboral

Para evitar o disminuir este tipo de afecciones, que pueden darse en cualquier tipo de actividad, se plantean una serie de medidas de prevención:

- Número de ocasiones en las que se realiza una determinada tarea en la jornada y sus pausas correspondientes.
- Adecuación de la tarea más apropiada al trabajador.
- Facilitación de la tarea en la medida de lo posible.
- Reducción o aumento de la carga informativa en función del tipo de actividad.
- Ofrecimiento de las ayudas pertinentes tanto técnicas como humanas.
- Organización y diseño del tiempo de trabajo.

 DEFINICIÓN

Estrés laboral
Desequilibrio sustancial (percibido) entre la demanda y la capacidad de respuesta (del individuo) en condiciones en las que el fracaso ante esta demanda posee importantes consecuencias (percibidas).

3. Manejo seguro de utensilios

☞ HILO CONDUCTOR

Una vez que Víctor ha conocido los riesgos a nivel general y específico que supone las tareas de poda, comienza a adquirir los equipos y herramientas necesarias para el desarrollo de la actividad. De todos ellos, hay unas instrucciones óptimas de manejo y que no causen riesgos o accidentes, por lo que deben llevar su correspondiente equipo de protección.

En las actividades de poda y de jardinería se usan una serie de equipamientos, maquinaria y utensilios o herramientas.

Todos ellos requieren un manejo profesional, encaminado a su uso correcto, que implique tanto el bienestar del trabajador, el mantenimiento del equipo y la realización de la tarea de forma eficaz.

Los equipos más utilizados y su manejo adecuado para prevenir lesiones son:

- **Segadoras:** antes de su uso se debe inspeccionar para asegurar que está en buenas condiciones y que la zona de trabajo esté libre de obstáculos. No se debe usar ropa holgada y son necesarias las gafas de protección para evitar posibles lesiones por proyecciones. Siempre que se realicen revisiones y/o ajustes, se deben hacer con el motor apagado. Es muy importante mantener alejadas las manos y los pies de las cuchillas en movimiento.

⮑ **Guadaña:** como en todas las situaciones, debe llevarse vestimenta adecuada, los EPI correspondientes y realizar una inspección previa para comprobar que no hay partes mal sujetas, como el mango o la cuchilla. En la operación en sí, hay que mantener una postura erguida y sujetar la guadaña fuertemente, tratando de hacer los movimientos balanceados. Es importante prestar siempre atención al suelo, para evitar tropiezos o resbalones, que pueden ser muy peligrosos.

⮑ **Desbrozadora:** antes de su manejo, como siempre, debe realizarse una revisión y comprobar que todo está correcto, con la máquina apagada. Una vez comprobado, en la operación en sí, hay que tratar de mantener la postura erguida, tomando los descansos oportunos para la zona lumbar y los antebrazos, ya que sufren las vibraciones. Hay que llevar los EPI adecuados como delantal, botas o pantalla facial.

Es importante controlar la velocidad en función del terreno para evitar tropiezos o resbalones.

○ **Motosierra:** además de las tareas previas de revisión y ajustes del equipo, que se deben realizar con el equipo siempre apagado, es importante adoptar una postura estable y firme, con los pies separados y la motosierra firmemente agarrada con ambas manos, manteniéndola alejada del cuerpo, mientras esté en funcionamiento. Es muy importante encenderla apoyada o en el suelo, para evitar un arranque descontrolado. Hay que ajustar la velocidad de acuerdo con el tipo de madera y las condiciones del entorno sin sobrepasar la velocidad máxima recomendada por el fabricante en ningún caso. Además, es conveniente que los cortes sean suaves y controlados, evitando aplicar demasiada presión sobre la máquina. Es importante mantener el cuerpo erguido y no cortar por encima de los hombros.

○ **Cortasetos:** es importante mantener una postura erguida y firme mientras se opera, para asegurar el equilibrio. Se debe mantener el cortasetos sujeto con las dos manos, siempre alejadas de las cuchillas. No es bueno forzar las cuchillas en los cortes que deben realizarse de forma suave y controlada. Hay que evitar tirones que puedan descontrolar el equipo.

⮕ **Cizalladora de poda:** hay que tener una postura estable y firme, manteniendo el equilibrio; sujetarla firmemente con las dos manos, alejadas de las cuchillas. Es conveniente seleccionar las ramas que podar con cuidado, eligiendo las que sean del grosor adecuado para la capacidad de la cizalladora.

Se deben realizar cortes suaves y controlados, comenzando desde la base de la rama y cortando en un ángulo limpio para facilitar la cicatrización de la planta.

⮕ **Tijeras de poda:** en primer lugar, si las tijeras están oxidadas o dañadas, es mejor reemplazarlas por otras. Hay que tener una postura estable, revisando el terreno o los apoyos de pies y manos; se sujetan las tijeras con una mano y la rama que podar con la otra. Deben seleccionarse las ramas con cuidado, eligiendo aquellas que sean del grosor adecuado para las tijeras, sin exceder la presión que estas puedan ejercer. Además, los cortes deben ser limpios y precisos, colocando las cuchillas de las tijeras de forma que corten en un ángulo limpio y sin aplastar la rama.

➲ **Sopladores de mano:** los sopladores son un elemento muy común. Uno de sus riesgos principales es el ruido, por lo que llevar los EPI adecuados es fundamental. Hay que sujetar el soplador con ambas manos, a ser posible, y mantenerlas alejadas de la salida del aire. La velocidad debe ser la adecuada para la tarea y el área en el que se opera, evitando que sea demasiado alta cerca de vehículos o personas. Debe dirigirse el flujo de aire en la dirección deseada, sin apuntar hacia elementos que se puedan dañar.

➲ **Serrucho o cuchillo de poda:** antes de usarlo hay que comprobar que están afilados y en buenas condiciones. Si hay óxido o está dañado, es mejor reemplazarlo.

Hay que mantener bien los apoyos y la sujeción del serrucho o cuchillo con una mano y la rama que podar con la otra, con las manos fuera del área de corte. Como con las tijeras, deben seleccionarse las ramas con cuidado, eligiendo las de grosor adecuado para el serrucho o cuchillo de poda. Deben realizarse cortes precisos y controlados, utilizando movimientos suaves y continuos, en un ángulo limpio y sin aplastar la rama.

Para el uso correcto de todos estos equipos hay una serie de reglas básicas que seguir, que se pueden aplicar a todos ellos en actividades profesionales, y que son:

➲ Seguir siempre las instrucciones del fabricante.
➲ Formarse específicamente para la tarea en cuestión.
➲ Mantener adecuadamente el equipo.
➲ Usar los equipos de protección correspondientes.
➲ Adecuar la programación de la tarea en función del entorno.

Equipos de protección individual (EPI)

En materia de prevención siempre es preferible la protección colectiva sobre la individual, porque actúa sobre el medio de propagación del riesgo: protege a más de una persona, es más eficaz, más rápidamente aplicable y más barata a largo plazo.

En ocasiones, en gran variedad de tareas, esta protección colectiva resulta insuficiente, por lo que es necesario el uso de los EPI.

 DEFINICIÓN

EPI
Cualquier equipo destinado a ser llevado o sujetado por el trabajador que le proteja de uno o varios riesgos que puedan amenazar su seguridad y/o salud en el trabajo, así como cualquier complemento utilizado a tal fin.

En este sentido, desde un casco para protegernos de impactos en la cabeza hasta un repelente antipicaduras pueden considerarse como EPI.

EPI: guantes, pantalla facial, casco y protección auditiva

En la siguiente tabla aparecen los aspectos que hay que tener en cuenta sobre los EPI:

Características	- El trabajador puede participar en la elección. - Debe formarse para usarlo correctamente. - Ha de seguir las precauciones de uso y mantenimiento. - Las normas del fabricante han de ser comprensibles.
Clasificación	- Medios parciales: cráneo, cara y aparato visual, aparato auditivo, extremidades superiores, extremidades inferiores, vías respiratorias. - Medios integrales: frente a riesgos totales o no específicos, como cinturones, arneses, monos. - Señalización: prendas de alta visibilidad.
Requisitos	- Diseño ergonómico. - Grados de protección en función del riesgo. - No ocasionan riesgos adicionales. - Lo más ligeros y confortables posible. - Compatibles con otros que deben ser usados al mismo tiempo.

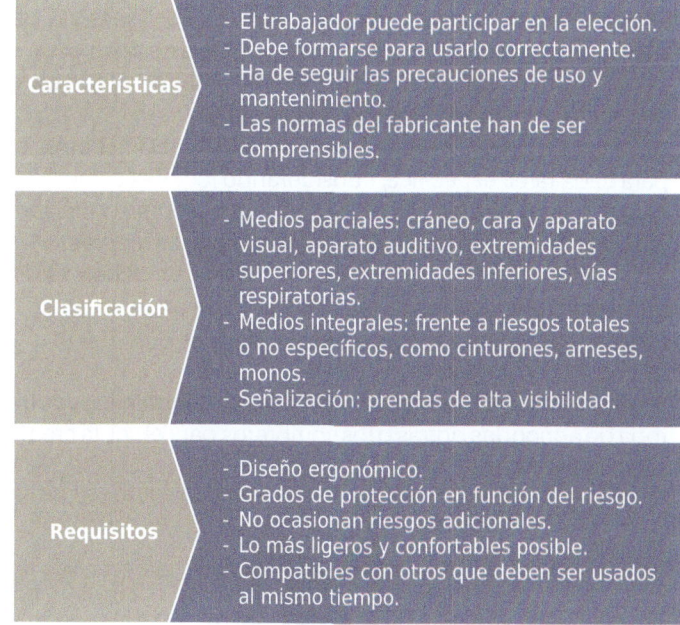

Los EPI que han de emplearse en actividades de poda son:

● **Casco:** hay que colocarse el casco de forma correcta y ajustar las correas de manera firme, comprobando que está en su sitio. Es importante seguir las instrucciones de uso y mantenimiento del folleto explicativo.

- **Gafas de protección y de sol:** se usan para evitar proyecciones a los ojos. Las gafas de sol pueden considerarse como equipo de protección y, en ocasiones, también de seguridad.
Hay que seguir las instrucciones de uso y mantenimiento adecuados.

- **Protección auditiva:** pueden ser tapones o cascos. Para ruidos intensos pueden utilizarse conjuntamente. Los tapones de gomaespuma son de un solo uso.

- **Guantes:** deben usarse los guantes adecuados y dejarlos bien ajustados para evitar que se resbalen durante la tarea. Los guantes de poda protegen de posibles cortes y pinchazos.
Es importante mantener los guantes limpios y en buen estado para garantizar su eficacia y durabilidad.

- **Botas de seguridad:** deben ser las apropiadas para la tarea y homologadas. En ocasiones, pueden usarse botas de goma para el agua.

- **Pantalla facial:** se coloca sobre la cabeza de manera que la visera cubra completamente la cara, desde la frente hasta debajo de la barbilla. Debe sujetarse bien la banda elástica o el sistema de sujeción y permitir que el personal trabaje con comodidad. Es importante limpiar y desinfectar la pantalla regularmente siguiendo las instrucciones del fabricante.

- **Espinilleras:** se sujetan a la pantorrilla. Están diseñadas para prevenir daños de proyecciones, sobre todo en tareas de desbroce y siega.

- **Peto/mandilón:** se utiliza sobre todo en tareas de desbroce, ya que tiene protección anticorte y ante proyecciones.

- **Arnés anticaídas:** el arnés anticaídas adecuado debe ser el apropiado para cada tarea específica, considerando factores como la altura del trabajo, el riesgo de caída y las condiciones del entorno. En tareas de poda, su uso es en podas en altura en plataformas elevadoras.
Como todos los EPI, sobre todo los integrales, deben ser inspeccionados regularmente para garantizar que están en buen estado y funcionamiento, y seguir las instrucciones del fabricante para el mantenimiento y la limpieza del arnés.

- **Protección para intemperie:** se hace referencia a los chubasqueros, la ropa de abrigo, las gorras o los sombreros para el sol, la crema protectora solar, etc.

Arnés anticaídas

Trabajador con EPI: botas y mandilón

 **TAREA 9**

En la finca de Víctor debe hacerse una tarea de poda y hace bastante calor, además de que es un día soleado. ¿Qué elementos de protección debe llevar el operario para ello? ¿Se considerarían EPI?

4. Resumen

La prevención y la estimación de riesgos tienen una normativa específica que se debe cumplir. Además, supone seguir una serie de pasos para minimizar al máximo la existencia de daños a quienes realizan un trabajo.

Estos daños pueden ser de varios tipos, no solamente accidentes laborales, si bien estos son los más visibles. Además, para conocer los posibles peligros se parte de definir los factores de riesgo existentes en el trabajo en cuestión. Estos pueden ser de varios tipos y tener su origen en varias fuentes.

Como todas las actividades profesionales, la poda no queda exenta de riesgos, que se pueden prevenir mediante el uso y manejo correcto de los diferentes equipos, herramientas, utensilios y maquinaria de que se dispone.

Por lo general, los medios mecánicos utilizados adecuadamente implican una mayor efectividad y eficiencia de la tarea, y una disminución de algunos de los riesgos, aunque, usados de forma incorrecta o por personal no capacitado para ello, puede aumentar.

Añadido a esto, con frecuencia son necesarios EPI en la poda.

Podemos esquematizar lo visto en esta unidad de la siguiente manera:

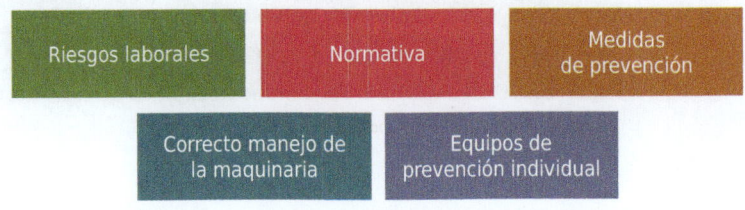

Ejercicios de autoevaluación
Unidad de Aprendizaje 3

1. **Según la legislación en prevención de riesgos laborales, las siguientes profesiones tienen una normativa específica:**

   a. Fuerzas armadas
   b. Cuerpos de salvamento y socorro
   c. Fuerzas y cuerpos de seguridad
   d. Todas las opciones son correctas.

2. **Determina si la siguiente oración es verdadera o falsa: "El factor de riesgo se define como la situación necesaria para que aparezca el daño".**

   ■ Verdadero
   ■ Falso

3. **La especialidad preventiva que se ocupa de contaminantes como el ruido es:**

   a. La prevención general
   b. La higiene industrial
   c. La ergonomía
   d. La medicina preventiva

4. **Se considera un daño derivado del trabajo:**

   a. Una enfermedad profesional.
   b. Un accidente de trabajo.
   c. Un accidente *in itinere.*
   d. Todas las opciones son correctas.

5. **Uno de los factores para que se inicie un incendio es:**

   a. La presencia de combustible
   b. La presencia de oxígeno
   c. Las altas temperaturas
   d. Todas las opciones son correctas.

6. Cuando se transporta una carga, se debe:

    a. Levantar rápidamente para no perder tiempo.
    b. Llevar la carga sujeta, por encima de los hombros.
    c. Utilizar medios mecánicos si es posible.
    d. Todas las opciones son correctas.

7. Las señales de obligación son de color:

    a. Amarillo y negro
    b. Verde, con orla blanca
    c. Azul, con orla blanca
    d. Rojo, con orla blanca

8. Determina si la siguiente oración es verdadera o falsa: "Deben seleccionarse las ramas que podar con cuidado, eligiendo aquellas que sean del grosor adecuado para las tijeras de podar, sin exceder la presión que estas puedan ejercer".

    ■ Verdadero
    ■ Falso

9. Con respecto al uso de las herramientas, la maquinaria y los equipos destinados a la actividad de poda:

    a. Hay que comprar las más baratas.
    b. Se debe realizar una inspección o revisión previa a su uso.
    c. Tienen que dejarse en el lugar de trabajo para no cargarlas de nuevo en la jornada siguiente.
    d. Tienen la particularidad de poder usarse con seguridad sin conocimiento previo.

10. Se considera que forma/n parte de un equipo de protección integral:

    a. Los guantes
    b. Los arnés anticaídas
    c. Las botas de seguridad
    d. La crema de protección solar

Glosario

Brote
Nuevo crecimiento vegetativo que surge de una yema.

Copa
Conjunto de ramas y hojas de un árbol.

Callo
Tejido de cicatrización que se forma alrededor de una herida de poda.

Cuello de la rama
Zona de unión entre la rama y el tronco o rama principal.

Chupón
Brote vigoroso que nace de la base del tronco o de las ramas principales.

Cordón
Forma de conducción en la que las ramas se distribuyen en un solo plano.

Corte
Eliminación de una parte de la rama.

Desmoche
Corte drástico de la copa de un árbol.

Desinfección
Proceso de eliminación de microorganismos patógenos de las herramientas de poda.

Entutorado
Fijar una rama a un tutor para dirigir su crecimiento.

Espaldera
Estructura de soporte utilizada para guiar el crecimiento de las ramas de un árbol.

Espaldera horizontal
Estructura horizontal donde las ramas se distribuyen en un plano.

Espaldera vertical
Estructura vertical donde las ramas se distribuyen en un plano vertical.

Herramientas de poda
Utensilios que se usan en las labores de poda, como las tijeras de poda, la sierra de poda, el serrucho, la sierra de mano o las tijeras de seto.

Injerto
Unión de una porción de una planta (injerto) a otra (patrón) para obtener una nueva planta.

Masilla cicatrizante
Producto utilizado para proteger las heridas de poda y evitar la entrada de patógenos.

Poda
Técnica de cultivo que consiste en eliminar partes vivas o muertas de un árbol con el fin de mejorar su forma, vigor, producción y salud.

Poda de formación
Se realiza en árboles jóvenes para darle una estructura fuerte y equilibrada.

Poda de producción
Se realiza en árboles adultos para mantener una producción constante y de calidad.

Poda de rejuvenecimiento
Se realiza en árboles viejos para revitalizarlos y aumentar su producción.

Poda sanitaria
Se realiza para eliminar ramas enfermas, dañadas o muertas.

Poda de limpieza
Eliminación de las ramas secas, rotas o enfermas.

Poda de aclareo
Eliminación de las ramas que se cruzan, se frotan o están mal orientadas.

Poda de fructificación
Se realiza para favorecer la producción de frutos.

Poda de mantenimiento
Se realiza anualmente para mantener la forma y el vigor del árbol.

Rama
Extensión leñosa que nace del tronco o de otra rama.

Tronco
Parte leñosa principal de un árbol.

Yema
Pequeña protuberancia en las ramas de donde brotarán las hojas, flores o ramas nuevas.

Vaso
Forma de copa abierta y redondeada.

Bibliografía

Monografías

→ GRISVARD, P.: *La poda de los árboles frutales peral-manzano*. Madrid: Ediciones Mundi-Prensa, 1994.

> Es una obra de referencia en el campo de la arboricultura, especialmente dirigida a aquellos interesados en el cultivo de perales y manzanos. Paul Grisvad, reconocido por su experiencia en la materia, aborda de manera detallada y práctica las técnicas de poda más adecuadas para estos frutales.

→ LOOSE, H.: *La poda de los árboles frutales*. Madrid: Ediciones Omega, 2016.

> Helmut Loose es un autor reconocido en el ámbito de la jardinería y la arboricultura cuyas obras suelen ser claras, concisas y muy prácticas, lo que las convierte en una excelente referencia para jardineros aficionados y profesionales.

→ NOGAREDA Cuixart, S., MUÑOZ Gómez, F. y TORRENTÓ i Costa, L.: *Notas técnicas de prevención - Carga física en jardinería: principales riesgos y sus consecuencias para la salud*. INSHT, 2013.

> Este libro es una herramienta valiosa para todos aquellos interesados en prevenir los riesgos laborales asociados a la carga física en la jardinería, al proporcionar información detallada sobre los riesgos, sus consecuencias y las medidas preventivas. Contribuye a mejorar las condiciones de trabajo y la salud de los trabajadores del sector.

→ PÉREZ López, C.: *Guía de árboles, arbustos y plantas de flor*. Madrid: Editorial Mundi-Prensa, 2002.

> César Pérez López busca ofrecer una guía práctica y accesible para el público en general. Este manual recoge las especies más empleadas en jardinería y paisajismo de la Comunidad de Madrid. Señala de cada una de ellas su tamaño, crecimiento, tipo de hoja, época de floración, clima, exposición, tipo de suelo apropiado y aquellas características que hemos considerado más relevantes.

→ PONTOPPIDAN, A.: *Manual de poda suave: árboles frutales y ornamentales.* Navarra: Editorial La Fertilidad de la Tierra, 2012.

> Alain Pontoppidan es un reconocido experto en árboles y arboricultura, colaborador habitual de revistas de jardinería y agricultura ecológica, apasionado defensor de la naturaleza. Promueve prácticas de jardinería u arboricultura respetuosas con el medioambiente. Este libro ofrece una alternativa a las podas drásticas y detalla las técnicas de poda suave, sus beneficios y su aplicación en diferentes especies para quienes desean adoptar esta práctica respetuosa con los árboles.

→ PRAT, J. Y.: *Poda de todos los árboles frutales.* Madrid: Ediciones Omega, 2007.

> Es un clásico de la poda frutal en el que se describen todas las técnicas paso a paso con la ayuda de dibujos en color para podar todos los árboles frutales (albaricoquero, grosellero, guindo, manzano, peral, vid, etc.). En cada especie se especifican las podas de formación, fructificación y restauración, y la evolución del árbol año a año.

> Jean-Yves Prat es escritor un conocido especialista en jardinería.

→ VICENTE Córdoba, C. y LEGAZ González, M. E.: *Fisiología vegetal ambiental.* Madrid: Editorial Síntesis, 2000.

> Una guía esencial para estudiantes de Biología, Farmacia e Ingenierías Agrícola y Forestal. Se centra en las respuestas fisiológicas de las plantas a diversos factores ambientales cambiantes, como la luz, la temperatura, el agua, los nutrientes y los contaminantes.

Documentos electrónicos

→ Cómo podar árboles frutales y mejorar su producción, de: <https://www.stihl.es/es/guias-e-ideas-proyectos-bricolaje/mantenimiento-jardines/cuidados-del-arbol/podar-un-arbol-frutal>.

> Guía bastante completa con información sobre los diferentes tipos de poda y cuándo realizarlas.

→ Decálogo de INTIA para realizar una poda correcta, de: <https://www.intiasa.es/web/es/noticias/decalogo-de-intia-para-realizar-una-correcta-poda>.

> El Instituto Navarro de Tecnologías e Innovación ofrece un decálogo con las principales recomendaciones para realizar una poda correcta.

→ Estándar europeo de poda de árboles, de: <https://aearboricultura.org/project/estandar-europeo-de-poda/>.

> El propósito del estándar es presentar las técnicas, procedimientos y requisitos comunes relacionados con la poda, con el objetivo de gestionar la seguridad pública y preservar la integridad de los árboles.

→ Fruticultura, de: <https://www.bizkaia.eus/es/tema-detalle/-/edukia/dt/2575>.

Publicaciones e informes técnicos sobre fruticultura.

→ Guía simplificada para la poda de producción de árboles frutales, de: <https://germinando.es/guia-simplificada-para-la-poda-de-produccion-de-arboles-frutales-i/>.

Interesante guía para saber de forma sencilla cómo realizar una poda, conocer la diferencia entre las yemas de flor y las yemas de hoja, etc.

→ Hojas divulgadoras sobre la poda, de:
<https://www.mapa.gob.es/app/biblioteca/hojas-divulgadoras/hojas_materia.asp?materiaid=ZZ0043376&page=2&materia=PODA>.

Material sobre la poda publicado por el Ministerio de Agricultura, Pesca y Alimentación.

→ Instituto Nacional de Seguridad e Higiene en el Trabajo, de:
<https://www.insst.es/>.

Página web del órgano científico técnico especializado en prevención de riesgos laborales de la Administración General del Estado.